주님의 집으로

Goback to Church!

권범수 지음

하나님의 사람을 **엘맨**
만들어 가는 ELMAN

주님의 집으로

1쇄	2024년 10월 13일
지은이	권범수
펴낸이	이규종
펴낸곳	엘맨출판사
등록번호	제13-1562호(1985.10.29.)
등록된곳	서울시 마포구 토정로 222
	한국출판콘텐츠센터 422-3
전화	(02) 323-4060, 6401-7004
팩스	(02) 323-6416
이메일	elman1985@hanmail.net
	www.elman.kr

ISBN   978-89-5515-773-4 03230

값 18,000 원

주님의 집으로

Goback to Church!

권범수 지음

하나님의 사람을 **엘맨**
만들어 가는 ELMAN

차례

1장 – 교회 생활 설명서 ⋯ 11

1. 용어 해설집 ⋯ 12
1) 주보의 내용을 설명하면? ⋯ 12
2) 교회 내에서 사용하는 용어 ⋯ 17
3) 교회 내의 여러 부속실과 사용하는 물품에 대한 설명 ⋯ 22
4) 교회의 모임 ⋯ 25
5) 예배(예전과 예식)와 기도회의 개념에 대한 정리 ⋯ 28

2. 입문 안내서: 신앙생활은? ⋯ 31
1) 예배 ⋯ 31
2) 헌금 ⋯ 34
3) 직분 ⋯ 37
4) 봉사 ⋯ 40
5) 성경 ⋯ 42
6) 성도(신도) ⋯ 45
7) 기도 ⋯ 48
8) 찬송 ⋯ 51
9) 구원 ⋯ 52
10) 하늘나라(하나님 나라 · 천국) ⋯ 54

11) 하나님·예수님·성령님 … 55

12) 복 … 57

3. 뜨거운 감자 … 59

1) 교회의 세습은 정당한가? … 59

2) 교회 안에만 구원이 있는가? … 64

3) 교난? 고난! … 67

4) 교회 다니면서 술을 마시면 안 되는가? … 69

5) 담배 … 73

6) 자살 … 77

7) 결혼 & 이혼 … 79

8) 순결과 음행 … 82

9) 투자와 투기 … 84

10) 제사! 전통인가? & 우상숭배인가? … 85

2장 - 초신자와 방학(?) 중인 (가나안) 성도를 위하여 … 91

1) 구원! 그것이 알고 싶다. … 94

2) 구원받았다고 하는데 확신이 없다! … 98

3) 기도는 어떻게 해야 하나요? … 102

4) 기적은 존재하나요? … 107

5) 신앙을 한마디로 말한다면? … 110

6) 방언 … 121

7) 교회는 왜 개인 정보에 대하여 꼬치꼬치 물어요? … 124

8) 은혜와 은사는 무엇인가요? ⋯ 128

9) 정통 기독교와 이단&사이비를 어떻게 구별할 수 있나요? ⋯ 131

10) 천국은? ⋯ 135

11) 크리스마스가 뭐죠? ⋯ 138

12) 제사 문제! 어떻게 하죠? ⋯ 140

부록 :가나안 교인에 대한 조사 ⋯ 147

3장 – 시험과 상처받은 자들을 위하여 ⋯ 149

1) 한국의 개신교, 제2의 종교개혁을 시작하다 ⋯ 152

2) 결혼이 문제가 될 줄이야? ⋯ 160

3) 그리스도인 부부의 재산 명의 문제 ⋯ 163

4) 이혼이 죄가 되나요? ⋯ 166

5) 나를 하나님이 선택하셨다고 하는데 정말인가요? ⋯ 170

6) 억울한 일을 당하면 어떻게 하십니까? ⋯ 173

7) 믿음을 쉽게 말하면! ⋯ 177

8) 삶에 본이 되지 못해서 ⋯ 182

9) 신앙생활은 언제까지? ⋯ 185

10) 예수 믿으면 복 받는다고 하는데 왜 어렵게 사는 사람들이 많아요? ⋯ 191

11) 자살! 구원받지 못하는 죄인가요? ⋯ 195

12) 하나님이 나를 미워하시는 것 같아요 ⋯ 197

13) 교회 내에서의 인간관계가 어렵나요? ⋯ 202

14) 십일조 등 헌금은 꼭 해야 하는가요? ⋯ 205

4장 - 구별의 은혜 … 211

1) 현직 스님이 〈산상수훈〉이라는 영화를 만들고 질문을 합니다 … 214

2) 개혁과 쇄신 … 220

3) 교리가 뭐예요? … 223

4) 교회가 도피성? … 228

5) 교회가 세습해도 되나요? … 233

6) 위선자처럼 보이는 기독교인들? … 237

7) 교회에도 계급이 있나요? … 241

8) 교회의 주인은? … 244

9) 죽음은 끝인가요? 타 종교에서는 환생한다고 하는데? … 246

10) 신앙생활과 사회생활을 같이하기가 힘들어요? … 249

11) 왜 우상에게 절하지 말라고 하는지 혹 십자가도 우상 아닌가요? … 253

12) 사명을 감당하라는데, 재능이 아무것도 없는 것 같아요 … 257

13) 착각하는 신앙생활 … 260

14) 거룩 거룩 거룩? … 263

글쓴이를 소개합니다 … 266

추천의 글 … 270

참고 문헌 … 273

들어가는 말

이 글은 참으로 유치하다고 생각할 수가 있다.

그러함에도 이 글을 쓰는 목적은 교회에서 사용하는 용어는 철저하게 새 신자와 방학(?) 중인 성도, 그리고 신앙생활을 오랫동안 했다고, 자신의 경험으로 잘 안다고 생각하는 분들을 위해 썼음을 밝힌다. 물론 교회 내에서 사용하는 용어 중에 세상 사람들에게도 익숙한 용어, 즉 은혜, 은총, 축복 등은 언급을 생략하였다.

이제라도 콕 집어 교회에서 사용하는 용어에 대해 정리한 것은 다행이다.

우리는 알고 있는 것을 설명할 수 있어야 한다.

누군가에게 이 글에 있는 내용과 용어에 관한 질문을 받았을 때 명쾌하게 설명하지 못했다면 이 글을 통하여 개념 정리를 하는 것이 좋다고 생각한다.

개념과 용어를 설명하지 못하면서 알고 있다는 생각은 착각이다.

교회 밖에서는 잘 쓰지 않고 교회 내에서 사용하는 용어는 생소하여 제대로 알지 않으면 오해를 낳을 수도 있다. 방학 중인 교인(

가나안 교인으로 지칭)과 새 신자가 교회에 정착하지 못하는 이유
가 되지 않을까 염려가 된다.

교회에서 자주 사용하며, 주보에 실린 단어와 용어를 알겠지! 라
고 여기며 아무렇지 않게 사용하던, 그리고 여러 모임에 대한 설명
을 구체적으로 하고자 한다.

일반적으로 중대형교회에서는 새 신자 교육 프로그램이 있어서,
새 신자 교육을 4주 혹은 6주 정도 제대로 배운 사람들이 있기는
하지만 그 비율이 얼마나 될까?
보통은 교회에 다니면서 눈치껏 다른 분들이 하는 모습을 따라
하거나 말을 들으면서 안다고 인식하는 것일지도 모른다. 그래서
교회 내에서 오해가 생기고 그로 인한 다툼과 이전투구 같은 모습
으로 치닫는 것이 아닐까 생각하게 된다.

본 글과 내용은 이러한 오해를 이해로 바꾸는 것이 목표이다.
**오해와 의심이 있을 때 오히려 알고 깨닫고 이해하게 되면 확신
과 굳센 믿음으로 성장하는 계기가 되는 것을 경험했기 때문이다.**
아울러 가나안 교인, 새 신자, 기존 성도들도 용어와 개념에 대
한 명확한 정리를 통해 반석 위에 세운 굳건한 믿음으로 성장하고
신앙생활에 은혜가 충만하기를 소망한다.

1장

교회 생활 설명서

1. 교회 용어 해설집

1) 주보의 내용을 설명하면?

(1) 주보
주보는 무엇이고 어떤 의미가 있는 것일까?

교회에 예배 보려고(드리려) 가면 입구에서 거의 모든 이에게 건네주는 것이 주보이다.

주보에는 여러 가지 내용이 기록되어 있는데, 교회에 처음 나간 사람으로서는 아는 것도 있지만 잘 모르는 부분도 많은 것이 사실이다. 그렇다고 물어보기도 민망하고 주보만 뒤적거리며 만지작만지작하는 수밖에 없다.

(2) 주보는 두 가지의 역할을 한다.
첫째는 교회에 대한 소개이다.

교회에 대한 간략한 소개와 담임 목사와 부교역자(부목사와 협력사역자)들의 이름과(장로님과 성가대 반주자 그리고 협력 선교사와 선교지) 그 주간에 해당하는 교회 행사와 교인들의 소식을 담고 있다.

어쨌든 주보는 그 교회의 모습을 안내하는 역할을 한다.

둘째는 예배와 기도회에 대한 안내서로서 예배의 순서지 역할을 한다.

그런데 문제는 용어 자체를 모를 수도 있다는 데 있다.

그래서 주보에 실린 순서와 의미 그리고 각 순서에 따른 설명을 하고자 한다.

주보의 순서는 나름대로 이유가 있다. (필자의 교회 예배순서를 참조하였다)

a. 예배의 부름과 묵도는 예배의 대상자가 누구인지를 밝히는 것이다.

예배의 부름은 목사의 인도함으로 묵도는 예배에 참여하는 사람이 다 같이 하는데 모든 사람은 눈을 감고 예배의 대상인 하나님께 집중하는 것이다. 손을 모을 수도 있고 경건한 자세를 취하는데 서기도 하고 앉아서 하기도 한다.

b. 찬양은 예배의 대상자인 하나님을 찬양함으로 함께 예배에 참여했음을 알도록 한다.

요즈음은 성경과 찬송가를 지참하지 않아도 스크린과 모니터를 통하여 영상으로 보여주는 교회가 많다.

c. 참회&용서 순서는 여러 가지 신학적인 논란도 있지만 마치 가톨릭의 고해성사와 같은 효과를 약식으로 한 것으로, 죄를 고백하고 그 용

서를 인도자인 목사가 구하고 하나님이 그 모든 죄를 용서하셨다고 선포하는 것이다.

참회는 소리를 내지 않고 해도 좋고 나지막하게 소리를 내어도 되는데, 자신의 죄를 하나님께 고백하며 용서를 구하는 것이다.

이 시간에 옅은 울음이 동반되기도 한다.

용서는 보통 성경 말씀을 인용하여 목사가 읽거나 낭송하면서 우리의 죄를 하나님이 들으셨고 말씀에 따라 용서하셨다고 기도하고 선포함으로 죄 용서를 받았다고 믿는 것이다.

d. 신앙고백 & 주기도 그리고 중보기도 & 대표기도

신앙고백은 니케아 공의회에서 제정한 신조를 바탕으로 하여 사도신경을 총회에서 정하여 암송하는 것이다.

그 내용은 삼위일체 하나님과 성령님의 임재로 시작된 예수님의 십자가 구원의 은총, 부활의 심판 주로 다시 오실 예수님, 그리고 공교회와 교제, 부활과 영생을 믿노라! 고백하는 것이다(신앙고백을 설교 전에 하기도 하고 설교 후에 하기도 한다).

그리고 중보기도는 예수님이 우리의 죄를 속하여 달라고 기도하심을 모범으로 삼아 자신을 위함이 아닌 공교회와 다른 이들의 구원을 대신하여 구하는 기도를 말한다.

또한 대표 기도는 중보기도로 표현하기도 하며 예배자를 대신하여 마치 대제사장이 하나님께 구하는 것인데, '만인 제사장'(모든 사람이 제사장처럼 직접 기도하고 용서를 구하는)이라는 의미를 부여하여 예배 인도자(집례자)가 또는 평신도의 대표 격인 장로 등이 교인을 대표하여 하기도 한다.

e. 성가대 찬양

성가대(혹은 찬양대)의 찬양은 하나님의 영광을 위한 것이다!

대형교회는 이 성가대에 솔로 혹은 중창, 성악가를 내세우기도 하고 모든 악기를 총동원하는 마치 오케스트라 협연처럼 연출하기도 한다.

청중에게 보이려는 것인지, 하나님의 영광을 나타내려는 것인지 하는 우려도 있지만, 성가대의 모습으로 교회의 규모를 나타내기도 한다.

이러한 성가대에서 봉사하기 위한 자격조건은 세례 받은 사람이라는 사실을 알아야 한다.

f. 설교 & 말씀 선포

설교는 하나님의 말씀이다!

그런데 하나님의 말씀을 해석하여 전하여야 하는데, 자신의 말을 전하기도 하는 경우가 종종 있기도 함을 부인하지 못한다.

개신교의 꽃을 설교(말씀 선포)라고 한다.

설교는 하나님의 말씀을 설교자가 묵상(말씀 연구와 고민과 기도를 통한 하나님과의 소통)하거나 깨달은 내용을 지금 시대의 우리들의 언어로 풀어서 해석하여 전하는 것이다.

그 형식에 따라 설교 혹은 말씀 선포라고 하기도 한다.

그전에는 설교의 시간이 자유로웠지만, 지금의 현대교회는 거의 설교를 포함한 예배의 시간이 1시간 정도로 진행되고 있다.

g. 봉헌과 결단 그리고 축도

봉헌은 헌금(헌물:獻物)을 드리는 것을 높여서 부르는 표현이다.

헌금을 하면서 자신의 결심과 기도의 구함도 있다.

축도는 축복기도의 줄임말로 구약 성경의 신명기에 있는 아론의 축복기도 또는 신약성경 고린도후서에 기록된 성경 말씀으로 목사가 축복하며 기도한다.

어쨌든 축복은 복을 빌어주는 것으로 예배의 축복기도는 성경 말씀을 기준으로 하고 있다.

h. 예배의 순서

위의 순서로 예배의 순서가 진행되고 있다.

물론 교회의 형편에 따라 조금씩 차이는 있지만 큰 틀은 예배 & 예식서를 기준으로 하고 있다.

때로는 순서에 따라 앉아 있다가 일어서기도 하는데, 이는 겸손의 모습과 예를 담은 모습으로 같이 일어서고 앉으면 되는 것이다.

예배도 형식을 갖추고 있다!

이 형식은 마치 내용물을 담는 그릇과 같은 역할이다.

즉 형식 없는 예배는 자칫 기준도 없이 진행될 수도 있기에 주일

예배는 이런 형식의 순서로 예배가 이루어지고 있다.

2) 교회 내에서 사용하는 용어

(1) 아멘 & 할렐루야

가장 널리 알려진 용어가 **"아멘"**과 **"할렐루야"**이다.

아멘은 '기도나 찬미의 끝에 그 내용에 동의하거나 이루어지길 바란다는 뜻'이고 할렐루야는 '하나님을 찬양한다.'는 뜻으로, 기쁨 또는 감사를 나타내는 말'이라고 사전에 기록되어 있다.

사전에 설명이 되어 있다는 것은 널리 사용되고 알려져 있다는 것이다.

이외에 기록된 성경을 번역하기 어렵거나 대명사 등의 단어는 원어 그대로 사용한다. 예로 **마라나타**[1], **달리다굼**[2], **여호와이레**[3] 등이고 인칭 및 지명 대명사는 원어 그대로 사용하고 있다.

(2) 심방(尋訪)

심방은 말 그대로 가정으로 직장 혹은 사업장, 병원으로 찾아가서 목사나 전도사가 하나님의 말씀으로 축복하고 위로하려고 방문하는 것이다.

심방은 코로나 이전과 이후로 그 방법이 바뀌었다고 해도 과언

---

1 '예수님 어서 오시옵소서'라는 뜻
2 '일어나라'는 아람어로 예수님 당시에 사용하던 말
3 '하나님이 준비하셨다'라는 뜻

이 아니다. 코로나 이전은 찾아가고 말씀 나누고 기도하고 위로하였었는데 코로나 이후는 전화나 문자 심방이 주를 이루고 있는 것이 대부분이다.

심방은 목사와 성도가 1대1의 관계로 만나는 가장 효과적인 방법으로 아름다운 소통과 신뢰를 만드는 것임을 잊지 말아야 한다.

(3) 원죄와 죄인 & 대속과 십자가, 그리고 구원

a. 원죄(原罪)[4]와 죄인

처음으로 교회에 나오는 분들이 가장 싫어하는 말이 '죄인'이라는 말이다. 죄인! 조금은 거북한 말이다.

왜 우리를 죄인이라고 할까?

그 대답은 죄인이라는 말은 너무 범위가 넓지만, 교회에서 말하는 죄는 원죄를 말하는 것이다.

그럼 원죄는 정확히 무엇을 말하는 것인가?

원죄는 우리의 행위와 자의가 없는 그러한 죄이다.

내가 무엇을 해서 이 나라 국민이 된 것이 아니다. 그저 이 나라의 국적을 가지고 있는 부모로부터 태어났기 때문에 된 것뿐이다. 이것으로 나는 국적을 자동? 취득하였고 앞으로는 국민으로서 의무도 져야 한다는 것이다.

---

4 원죄(原罪) : 인류의 시조인 아담과 하와가 선악과를 따 먹은 죄 때문에 모든 인간이 날 때부터 가지고 있다는 죄.

원죄는 이런 것이다.

즉 우리가 사람으로 이 땅에 태어난 것만으로 원죄가 있는 것이다.

그래서 교회는 자신을 죄인이라고 고백하는 것이다.

그럼 죄인이라는 말에 거부감이 있다면, 죄인 즉 원죄가 아닌 법률적인 죄를 한 번도 범하지 않았는지를 짚어보자.

아마 '단 한 명도 죄를 짓지 않은 사람은 없다'라고 감히 장담한다.

다만 사람은 들킨 죄인이든지 들키지 않은 죄인이든지일 뿐이다.

죄를 짓지 않은 사람은 과연 누구인가?

b. 대속(代贖)과 십자가

남의 죄를 대신한다! 이러한 일이 가능하지 않다.

이를 헌신, 희생 영어로는 Sacrifice라고 한다. 그 대표적인 예로 십자가를 말한다.

십자가가 이런 의미이다.

십자가는 로마 시대에 가장 흉악무도한 죄인에게 내리는 형벌이었지만, 예수님은 죄 없이 십자가 처형을 당하였기에 대속과 십자가는 기독교의 가장 핵심적인 교리이자 사랑을 나타내는 상징이기도 하다.

c. 구원

위의 내용, 즉 원죄의 대속과 십자가를 인정하고 믿으며 받아들이는 사람이 받는 하나님의 선물이다.

성경은 **"사람이 마음으로 믿어 의에 이르고 입으로 시인하여 구원에 이르느니라"**(롬 10:10)고 기록하고 있다.

구원은 하나님나라의 백성이 되는 것이다.

구원을 천국에 가는 것이라 알고 있지는 않은가? 묻고 싶다.

성경에서도 이 세상은 끝이 있음을, 종말을 예언하고 있다.

즉 세상의 끝이 이르면 어떻게 될 것인가를 예상하며, 죽음 후의 펼쳐질 내세의 모습을 알고자 하면서 두려워하는 것이다.

우리 믿는 성도들은 내세를 두려워할 것이 아니라 예수님이 말씀하신 언약, 구원이 있음을 믿어야 한다.

구원은 하나님의 복음을 믿음으로 얻는 것으로, 복음은 이 세상을 하나님이 만드셨고 아들이신 예수님이 우리를 구원하시려고 처녀(동정녀)의 몸으로 태어나셔서 우리의 죄를 대신하여 십자가에서 죽으신 것과 죽은 후 3일 만에 부활하시고 승천하셔서 이 땅에 다시 오심을 믿는 믿음을 말한다.

구원에 대하여 지금도 논란이 있는 것이 사실이다.

구원이 입으로 시인하여 얻는 것이라면 너무 쉽게 얻는다는 것이다.

구원의 증거? 표식이 무엇인가 하는 질문이다.

이 구원의 형식으로 때로는 세례(침례)를 받는 것을 말한다.

(4) 세례와 성찬

a. 세례[5](침례)는 무엇인가?

세례는 죽음과 씻음이라는 2가지의 의미가 있다.

첫째는 죽음이다.

물에 푹 잠그면 숨을 쉴 수 없고 결국 죽음에 이르게 된다. 즉 세례(침례)는 이 죽음을 말한다. 세례식은 내가 죽는 것을 뜻한다. 죄로 내가 죽고 이제부터는 주님이 나를 살리심으로 나의 삶의 주인이 예수님이 되는 것이다.

둘째는 씻음이다.

물로 더러움을 씻어 내듯이 죄를 씻어 깨끗하게 하는 것이다. 구약의 지성물과 제물은 모두 물로 깨끗하게 씻었던 구약의 제사법이다. 마찬가지로 물로 자신의 죄를 씻는다는 의미가 있다.

b. 성찬

성찬은 예수님께서 십자가를 지시기 전, 제자들과 함께한 마지막 만찬을 기념하기 위한 것이다. 성찬에 참여하려면 우선 세례를 받아야 한다. 세례 교인이 떡과 포도주를 함께 먹고 마시는데 떡은

---

5 또는 침례라고도 한다. 세례는 물방울을 머리에 떨어뜨림으로 행하지만, 침례는 물에 온몸을 잠그는 형식을 취한다.

예수님의 몸이요 포도주는 흘리신 피를 상징하는 것이다.

이는 예수님의 명령에 따른 것이다.

로마 가톨릭에서는 매주 성찬 예식을 행하고 있지만, 개신교는 특별한 경우와 절기에 성찬 예식을 행하고 있다.

(5) 헌금 & 헌물

헌금은 구약시대는 하나님께 드리는 제물이었고, 신약시대에는 예수님의 구원에 은혜에 대한 감사의 예물이다.

먼저 책의 내용을 요약하면 헌금은 미리 준비하고 즐겨 드려야 한다. 그리고 헌금은 주님의 은총의 마중물이라는 할 수 있다.

3) 교회 내의 여러 부속실과 사용하는 물품에 대한 설명

(1) 예배당 & 교회

세상 사람은 예배당과 교회에 대한 구분이 없다.

교회가 예배당이고 예배당을 교회라고 한다.

그런데 교인들 중에서도 정확히 구분하지 못하는 사람도 있다.

교회는 예수 그리스도를 믿는 사람들을 말하는 것이다.

그리고 예수님을 구주로 고백하고 믿는 사람들이 모여서 예배를 드리는 곳이 예배당이다.

즉 교회는 건물이 아니라 사람이다.

그러니까 '000 교회 예배당'이라고 해야 한다.

그런데 이를 줄여서 '000 교회'라고 하는 것이다.

(2) 목양(牧羊)실?

목양실은 목사의 사무실을 말하는데, 특이하게도 목양실이라고 부른다.

그 이유는 예수님은 자신을 목자(牧者)[6]로 지칭하였고, 제자들을 양(羊)에 비유하였다.

"나는 선한 목자라 선한 목자는 양들을 위하여 목숨을 버리거니와"[7]

이외에도 예수님 자신을 목자라고 말씀하셨고 제자들과 주님을 따르는 사람들을 양으로 말씀하셨던 것이 이유라면 이유이다.

그래서 목사의 사무실을 양을 치는 곳처럼 목양실로 부르는 것이다. 이 목양실은 성도들을 위해 하나님의 말씀을 연구하고 가르치고 보살피는 공간이라는 것이다.

(3) 새신자실

새신자실은 새로 온(새로 등록한) 성도를 위한 공간이다.

재미있는 것은 보통 예수님을 믿는 사람을 성도라고 표현하면서도 유독 새로운 신자라는 뜻으로 새신자실이라고 적어 놓고 사용한다는 것이다.

---

6 양을 치는 사람
7 요한복음 10:11

성도라는 개념은 예수님을 믿는 사람을 말한다.

그러면서도 성도라는 말은 서리집사, 권사, 장로 등등의 직분을 받기 전의 사람으로 국한하여 사용하는 것이다. 마치 군대에 소집되어 갓 들어온 사람을 장정이라고 부르는 것처럼 말이다.

그 가운데에서도 그 교회에 공동체에 새로 오신 분에 국한하여 새신자라는 말을 사용하고 있고 그분들을 환영 혹은 교육하는 곳이기도 하다.

(4) 성물(聖物)

성물은 예배를 위하여 사용하는 모든 기물과 가구, 그리고 제물을 성물이라 한다.

왜 성물이라고 부를까?

이스라엘 백성에게 성물은 하나님의 것이며 구별된 것으로, 이를 만지고 먹을 수 있는 사람은 오직 구별된 아론의 자손과 레위인, 즉 제사장뿐이었다.

이는 레위기를 비롯한 구약에서 강조하는 부분이다.

"아론과 그 아들들에게 고하여 그들로 이스라엘 자손이 내게 드리는 성물에 대하여 스스로 구별하여 내 성호를 욕되게 함이 없게 하라 나는 여호와니라"[8]

또한 하나님의 법궤와 하나님께 제사하는 모든 기구와 회막(장막) 물건은 오직 구별된 자손만이 옮기고 메고 관리했다. 즉 성물

---

8 레위기 22:2

은 율법 그 자체이기 때문이다.

구약의 제사처럼 신약의 예배도 구별된 곳에서 드리는 정(靜)함, 깨끗함이 필요한 것이다.

구별이 곧 성물이고 하나님의 방법이다. 그래서 주일은 성일, 구별된 주님의 날이라는 것을 잊지 말기를 바란다.

4) 교회의 모임

교회의 모임은 의외로 많고 각각의 특성이 있다.

의결기관도 있고, 교회의 정책으로 만들기도 하고, 행정적인 업무처리, 즉 교회의 소속 가입 탈퇴 등의 행정의 처리를 위하여 필요하다.

(1) 공동의회, 제직회, 당회

a. 공동의회 : 교회의 최고 의결기관으로 18세 이상 세례교인이 회원이 된다.

당회의 결의, 제직회의 청원에 따라 당회가 결의하여, 세례교인 1/3 이상의 청원으로 결의하여, 상회의 지시에 따라 당회장이 소집하는데 일시, 장소, 안건을 1주일 전에 교회에 광고하여야 한다.(단 당회가 없을 시에는 제직회의 결의로 대신할 수 있다.) 그 방법은 모인 인원으로 예산과 결산, 직원 선거, 상회가 지시한 사항 등을 재적 과반수로 결의한다. 인선에 관한 선거는 무기명 비밀 투표로 한다(통합 장로교 헌법 참조).

b. 제직회 : 회원은 모든 직분자라는 것이 공동의회와 다른 점인데 그 외에는 공동의회와 거의 같다.

c. 당회 : 회원은 목사(부목사 포함)와 장로 2인 이상으로 조직되는데, 세례교인 30인 이상이 있어야 장로를 선임할 수 있다.

개회는 당회원 과반수의 출석으로 결의할 수 있으며 당회장은 지교회 담임목사, 노회가 임명하는데, 당회장의 결원 시에 임시 혹은 대리 당회장을 노회에서 파송한다. 미조직교회, 자립 대상교회는 당회장이 당회권을 갖는다.

대부분 교회의 정책과 방향을 당회에서 결의하고 집행하는 것이 보통이다.

(2) 총회, 노회, 시찰회(연회)
위의 기관은 행정 업무를 위하여 존속한다.

a. 총회 :
교회 연합체의 최고치리 및 행정 기관으로 노회가 모여서 총회를 이룬다. 노회는 총회에 파송할 대표를 노회에서 선거 또는 임명을 통하여 정하고 있다. 그 총대 수는 보고된 노회의 세례 교인 수로 정한다.

b. 노회 :

시찰회의 연합체로 시무 목사 30인 이상과 당회 30처 이상과 입교인 3,000명으로 구성 조직할 수 있다. 회원은 목사(위임, 담임, 부, 전도, 기관, 선교)와 지교회에서 파송된 총대 장로로 조직한다.

그 직무는 당회에서 제출된 헌의, 문의, 청원과 진정에 관한 행정 업무와 목사의 임직과 이명 등의 모든 절차와 지교회의 장로 선택을 허락 관리하며 장로 고시도 관장한다. 실제로 모든 행정과 예결산 업무처리와 집행 등 대부분을 담당하여 지교회의 상 회비를 책정하고 감독한다.

c. 시찰회 :

각 지역이나 범주에 속한 지교회의 연합기관으로 노회의 치리권을 협조하는 역할로 노회와 지교회의 중간 다리 역할을 한다.

(3) 구역 모임(속회), 목장?

구역회와 목장은 교회의 형편과 사정에 따라 조직되고 결성된다.

구역과 목장은 그 역할이 같은 듯 하지만 다르다.

구역은 구역장이 교회의 지시와 교육을 통하여 구역원을 관리하며 교제한다. 반면에 목장은 작은 교회의 모습으로 목자는 목사와 같은 개념으로 목원을 관리 양육하기도 하는 소그룹 목회의 프로그램으로 구역을 목장으로 부르고 있다.

모든 조직과 프로그램은 장점 또는 단점도 있어서 각 교회의 방향과 목회 측면으로 정하고 있다.

이외에 각 직분의 친목으로 모인 모임이 각 교회에 따라 있거나 없거나 한다.

5) 예배 & 기도회 개념에 대한 정리

주보를 보면 어떤 시간은 예배로, 그리고 기도회로 기록되어 있다.

공통점과 차이와는 무엇인지를 모르는 교인이 많은 것이 사실이다. 심지어 교역자들도 구분하지 못하는 웃지 못하는 신학의 부재가 안타까운 것이 사실이다.

예배와 예식 그리고 기도회는 무엇인가?
먼저 **예배와 성례전, 기도회와 목회 예식**으로 총회 예배 & 예식서는 구분하고 있다.

(1) 예배

주일예배, 주일 찬양예배, 교회력에 의한 절기 예배를 굳이 설명하지 않는다. 그 특성을 말하면 **'예배의 대상에 대한 부름, 찬송, 죄에 대한 고백과 사함의 선언, 기도, 말씀에 대한 선포와 감사와 헌신 그리고 축복'**으로 구약에서의 제물처럼 감사 예물이 있다는 것이다.

(2) 예전

세례 예전과 성찬 예전을 합하여 성례 예식이라 말한다.

세례 예전은 세례를 베푸는 예식을 말하는데 성찬 기를 통하여 성수를 머리에 떨어뜨리는 일반적인 방법과 몸을 욕조나 강에 완전히 잠그는 침례식도 있는데 각 교단이나 노회나 교회가, 혹은 현지 사정에 따라 정한 규정대로 행하고 있다.

성찬 예전은 예수님의 몸과 피를 기념하여 먹고 마시는 성찬식을 말하는데, 분병(分餅)은 떡을 나눔이고 분잔(分盞)은 포도주잔을 나눔을 말한다.

(3) 기도회

새벽 기도회, 수요 기도회, 금요 기도회, 구역 기도회 등등이 있다.

기도회는 신앙고백 또는 간단한 인도자의 기도 혹은 찬송으로 시작되며 설교는 기도회의 방향을 잡아 주고 묵상을 이끄는 내용으로 전하는 것이 보통이다.

이는 기존 다른 예배의 설교와는 다르게, 설교를 통하여 기도의 필요성과 여러 기적 및 응답을 강조하여 열정적인 기도로 이어지도록 한다.

그 방법은 합심과 통성기도가 가장 많이 사용한다.

아울러 기도회의 마침은 인도자의 결단 기도로 마치는 것이 보통이다. (때로는 기도회를 예배라고 통상적으로 지칭하기도 하는데 이는 잘못된 것으로 기도회라고 해야 한다)

(4) 예식(목회예식)

생일, 혼인, 개업, 장례 및 추모 예식, 임직식은 특별예식으로 모두 믿는 자들을 위한, 사람을 위한 것이다.

즉 사람을 위한 축복과 위로의 목회적 예식으로 하나님께 드리는 예배와 구별해야 한다. 그런데 이를 구분하지 못하고 용어를 마구잡이로 사용하는 우를 범하고 있는 것을 부인하지 못한다.

이를 바로 잡고 하나님께 드리는 예배와 기도회도 구별하고 성례의 예전과 사람을 위한 목회 예식을 구분하기를 바란다.

먼저 책 교회생활설명서에서 언급된 것처럼 **'예배는 하나님께 대한 영광과 찬송, 감사와 생각이라면 예전과 예식은 공동체를 위한 것이며, 기도회는 모인 회중의 간구와 중보와 기도 응답이 그 목적'**이라는 것이다.

2. 입문 안내서 : 신앙생활은?

1) 예배

(1) 예배의 정의

'**기독교의 참된 예배는…**'으로 시작되는 예배에 대한 개념과 정의는 총회 헌법과 예식서(19P)에서 설명하고 있다.

그러나 우리가 궁금해 하는 것은?

왜 예배를 드려야 하는가?

예배를 드리면(혹은 보면?) 어디에서 드려야 하는가?

매 주일 꼭 예배를 드려야 하는가?

하는 것일지도 모른다.

'예배는 신앙의 꽃이다!'

'예배는 신앙의 종합체이며 신앙의 시작이며 끝이다'라고 필자는 정의한다.

예배는 신앙의 모든 요소를 갖추고 있기 때문이다.

즉 신앙을 갖고자 원하는 사람이 예배를 드리지(하지) 않고서 신앙에 대하여 말하는 것은 마치 음식을 먹어보지 않고 짜다 싱겁다 말하는 것과 다름이 없다.

결론적으로 말하면 예배는 신앙의 시작이며 끝이다.

당연히 하나님을 창조의 아버지로, 예수님을 구원자로, 성령님을 지금 우리와 함께 하시는 영의 보혜사로 인정하는 (모른다고 할지라도 신앙을 갖고자 하는) 사람은 그 시작이 예배로 출발한다.

물론 교리문답도 세례도 성경 공부도 중요하지만 가장 중요함을 꼽으라면 예배이다.

문제는 신앙이 있는 사람이 예배를 드리는 것은 아마도 쉬운? 일이지만, 신앙이 없는 사람은 예배 자체가 생소하기도 하고 따분하기도 하며 모르는 단어도 많고 이러한 형식과 방법으로 1주일에 한 번 이상은 꼭 예배를 드려야 할까? 하는 생각도 있다.

이제 그러한 질문에 목회적인 답을 하고자 한다.

(2) 예배의 종류 & 제사와의 차이점

a. 예배의 종류

주일예배, 주일 찬양 예배, 기도회로 분류할 수 있다.

또한 기도회는 새벽, 수요, 금요 기도회 등을 말한다. 그런데 예배라고 통칭 되면서 예배라는 말과 기도회 또한 예전&예식을 혼동하여 사용하는 것이 사실이다.

예배는 하나님을 향한 경배와 하나님 백성을 위한 섬김으로 이루어진다.

예배라는 이름으로 드려지는 형식과 예수님의 말씀으로 중심을 삼는 예배의 차이와 기준이 있다.

예배는 **"예배하는 자가 영과 진리로 예배하라"** 명령과 복음 전파를 위한 삶의 실천을 말한다.

즉 예배는 삼위일체의 하나님께 드리는 감사와 경배의 예배와 예식의 성례전, 그리고 하나님의 말씀을 듣고 가르침으로 결단하는 삶의 예배이다.

그러면서도 분명히 혼동하지 말아야 할 것은, 하나님께 드림인가? 사람을 위한 것인가? 하는 것이다.

다시 말하면 **예배는 하나님께 영광과 감사와 생각이라면 예전& 예식은 공동체를 위한 목회적인 방법, 즉 예(禮)를 갖춘 형식임을 알아야 한다.**

b. 예배와 구약의 제사와의 차이점

구약의 제사가 속죄제와 속건제 등의 죄 사함이 목적이라면, 지금의 예배는 죄 사함이 아닌 십자가 대속의 은혜를 깨닫고 예수님의 부활을 기념하고 감사하고 복음을 위한 결단의 행위라는 것이다.

이를 이해한다면 주일마다 예배를 드려야 하는 당연함을 알게 된다.

간혹 예배를 빼먹고 주일 성수를 하지 않으면 벌을 받을 것처럼 말하며 아는 것은 어찌 보면 하나님을 편협한 뒷방 노인네 취급하는 것일 수도 있다.

반대로 예배를 한 번도 빼먹지 않았다고 큰 상을 받을 것처럼 생각하지 말아야 한다. 개근상을 받았다고 모두 우등생이 되지 않는 것처럼 말이다.

정말 중요한 것은 내가 얼마나 예배를 사모하고 준비하고 마음을 다하여 드리는가! 하는 자신의 모습을 돌아보아야 한다.

끝으로 예배는 하나님께 드리는 찬양과 경배, 기도와 말씀, 그리고 헌신과 감사라는 요소가 있어야 하지만, 예배와는 다른 기도회와 예전과 예식은 위의 요소보다는 그 성격을 잘 이해하여야 한다.

분명한 것은! **'예배에 성공해야 신앙도 성공한다.'**는 목회적인 간증과 가르침을 간과하지 말기를 바란다.

2) 헌 금

(1) 헌금의 정의

헌금의 종류도 다양하게 많다.

그러다 보니 정말 성경에서도 헌금의 종류가 그렇게 다양한가? 하는 의문이 들기도 하는데, 혹 헌금을 조금이라도 더 걷으려는 수단으로 그 종류를 다양하게 만든 것은 아닐까? 하는 생각이 든다고 한다.

헌금은 왜 하는가?

그래도 신앙인으로 헌금을 해야 한다면 꼭 해야 하는 헌금은 무엇인가?

헌금의 정의는!

구약시대에는 제물이지만 신약의 시대는 예수님의 구원에 대한 은혜와 감사의 예물이다.

물론 초기 기독교에는 헌금이 성찬에 대한 감사와 이웃을 위한 구제로 동시에 이루어지기도 하였다. 그러함에도 가장 많은 논란 있는 십일조라는 헌금은 지금의 시대에도 계속 논쟁거리로 있다.

가나안 교인이 되는 가장 큰 이유가 헌금 때문이라 말해도 지나치지 않다.

여러분들의 생각은 어떠한가?

그런 골치 아픈 논쟁은 신학자들에게 맡겨두고, 헌금은 자발적으로 기쁜 마음으로 하는 것이다.

"연보를 미리 준비하도록 하고, 적게 심는 자는 적게 거두고 많이 심는 자는 많이 거둔다, 그 마음에 정 한대로 할 것이요 인색함이나 억지로 하지 말지니 하나님은 즐겨내는 자를 사랑하신다"(고린도후서 9:5~7) 라고 설명하고 있다.

(2) 헌금의 종류와 방법

헌금의 종류에서 가장 궁금한 것은 **"십일조"**라는 헌금이다.

구약시대에 있었던 십일조는 신약시대인 지금은 없어도 된다고 하는 주장에 묻고자 한다.

지금 우리가 신앙 생활하면서 사용하는 성경은 신약성경만 인정하고 믿는가? 하는 것이다. 우리는 지금도 구약과 신약성경을 믿고 따르고 우리 신앙의 기준으로 삼고 있다.

그런데 십일조라는 말씀이 구약에만 기록되었으니 **'안 해도 된다.'**라고 생각한다면, 헌금은 인색함이나 억지로 하지 말라는 말씀을 기억하여야 한다. 따라서 하나님의 말씀이 믿어지고 순종하고 싶을 때까지 헌금은 미루어도 된다. 단 하나님의 사랑하심도 미뤄야 할지 모른다.

헌금의 종류는 교회마다 조금씩 다르니 굳이 언급하지 않겠다.

다만 교회의 형편과 목회 방침에 따라 그 종류를 정하는 것이다.

그러나 헌금은 그 모델이 초대교회라고 감히 말한다. 즉 신앙에 따라 십일조, 감사와 절기 헌금 등의 주일헌금과 선교 헌금이다.

헌금의 종류도 다르더라도 모든 헌금은 **준비하고 즐겨내는 것이다.**

그중에서 꼭 하라고 권하고 싶은 것은 선교 헌금이다!

선교 헌금은 교회에 해도 되고, 선교를 하는 사람에게 해도 된다.

성경을 보면 그 방법도 다양하게 기록되어 있고 선교 헌금을 하는 사람은 대부분 하나님이 베푸시는 은총의 주인공이 되었다는 것이다.

사도바울을 도운 선교 헌금으로 우리에게도 복음이 전파되었음을 잊지 말기를 바란다.

헌금은 '**복의 마중물**'이라는 사실을 잊지 말기를 바란다.

3) 직분

(1) 직분은!

따라서 교회라는 공동체를 유지하기 위하여 교회는 일꾼을 세웠고 그들을 직분자라 한다.

교회의 직분을 총회 헌법은 교회의 직원으로 말하기도 하는데, 항존직과 임시직으로 나눈다. 말 그대로 항존직은 한번 임명을 받으면 죽을 때까지 그 직분이 유지되는 목사 장로 권사 집사를 지칭하고, 임시직은 전도사, 서리집사 등 1년에 혹은 다음 임명 때까지 (지금의 교회는 임시직도 항존직으로 전환? 임명되기 전) 직분을 유지하고 지칭되고 있는 것이 보통이다.

(2) 직분의 종류와 역할

직분은 계급이 아니다.

그러나 직분을 계급으로 알고 그렇게 행세하고 대우받기를 원하는 것이, 문제라고 생각하며 이러한 잘못된 관행? 이 교회를 세상과 같은 존재로 타락하게 만드는 것이다.

직분은 일꾼이 되라고 세워준 것이다.

직분은 항존직인 목사 장로 권사 안수집사가 있고 임시직은 전도사 서리집사가 있고, 나름의 특성과 해야 할 역할이 각각 다르다.

총회 헌법은 '교회의 직분(직원)자의 의의, 직무, 자격'(한국장로교 출판사 개정1판 총회 헌법 175~185p) 등을 분명하게 명시하고 있다. 즉 직무의 범위가 있고 해야 할 특성이 있고 자격요건까지 다르다는 것을 알아야 한다.

이러한 직무의 범위를 무시하거나 자격 없이 그 일을 하는 것을 방지하는 것은 교회의 혼란을 막기 위함이다.

그러나 안타깝게도 현대의 교회가 이를 어기거나 월권과 직무 남용은 혼란을 일으키고 이에 따른 교회의 분열까지도 그리고 가나안 교인을 만드는 큰 요인이기도 하다.

그래서 그 역할을 꼭 집어 간략하게 적고자 한다.

a. 목사

일정한 신학교육과 신앙고백 그리고 총회에서 실시하는 고시 합격자로 각 노회에서 안수 그 소속은 노회에 있다, 지교회에 파송되어 직무는 설교와 치리 또는 성례전 그리고 축복하는 권한과 역할을 하는 장로이다.

b. 장로

상당한 식견과 통솔의 능력이 있는 사람을 교회가 택함을 하고 일정한 교회 교육을 하고 노회 고시에 합격하여 지교회에서 임직

하며, 그 직무는 행정과 권징을 주된 역할로 한다.

c. 전도사(강도사)

노회에서 인정한 신학교 졸업과 노회 전도사 고시에 합격한 자로 당회에서 임명하는 임시직으로 목사를 돕는 유급 교역자이다.

d. 집사와 권사

교회의 택함을 받은 항존직으로 봉사, 헌금수납, 구제, 목사를 도와 교우를 위로하고 심방 하는 일을 한다.

e. 서리 집사

교회에 등록한 후 1년 이상 지나고 성실한 사람을 당회에서 1년 이란 한시적인 직분자로 임명한다. 그러나 많은 교회가 1년의 기한으로 임명하지만, 출교 등 심각한 흠이 있거나 항존직으로 임명 전까지 암묵적인 임기를 가지고 있는 것이 사실이다.

이외에도 교육전도사 협동 장로, 협동 권사, 협동 집사 등의 직분을 각 교회의 형편에 따라 직무를 나누어 맡기는 실정이 사실이다. 이를 성경에 있느냐 없느냐 하는 논쟁은 이제 불필요한 것처럼 여겨진다. 다시 한 번 직분과 직무를 정리하면, 직분은 절대로 계급이 아니라 교회를 섬기기 위한 직무를 세분화하기 위한 공동체의 유무상 직원임을 잊지 말기를 바란다.

아울러 자신에게 맡겨진 직무를 책임과 사명을 가지고 성실히 감당하는 은혜로운 교회 생활을 권면한다.

4) 봉사

(1) 봉사의 의미

교회 봉사는 구분하기에 애매한 부분이 있다.

예를 들면 교회에서 식당 봉사를 한다고 하면, 교회의 성도가 한 공동체인데 이를 봉사라고 해야 하나? 아니면 가족처럼 생각하고 하는 사랑을 봉사라고 해야 하나? 하는 것이다.

봉사는 말 그대로 봉사이다.

자신의 이익을 위한 것이 아닌 다른 사람을 섬기는 일이 봉사이다.

그래서 봉사라는 말보다는 섬김이라는 말이 더 어울릴지도 모른다.

어쨌든 봉사는 사랑을 전제로 한다.

봉사하는 일에 사랑이 빠지면 그 순간부터 노동으로 변해 버리는 것이다.

더군다나 봉사는 기쁨이다. 나 같은 자도 하나님과 교회를 위하여, 이웃을 위하여 쓰임 받는다는 데서 오는 기쁨이다.

예수님은 **"인자의 온 것은 섬김을 받으려 함이 아니라 도리어 섬기려 하고 자기 목숨을 많은 사람의 대속물로 주려 함이니라"**(막 10:45)고 하셨다.

예수님의 봉사는 십자가 대속을 말한다.

(2) 봉사의 방법
교회의 봉사는 크게 두 가지로 나눌 수 있다.

첫째는 교회 내의 봉사이고 둘째는 교회 밖의 봉사이다.

교회 안의 봉사는 성전 내의 청결, 교회 식당일, 청소, 쓰레기 처리뿐만 아니라 교회 미관과 편리한 예배당 이용을 위한 수리와 정리 정돈, 그리고 교회의 재정수납과 살핌, 찬양대원으로 반주자로, 예배를 위한 안내, 차량으로 불편한 교우들을 위한 운전 주차장 안내, 그리고 교우를 살피는 심방 등이다.

즉 교회 내의 봉사는 교회의 운영과 성도들이 예배를 드리는데 불편하지 않도록, 교우 간 교제의 장을 만드는 모든 일이 교회 안의 봉사라고 한다.

그런데 간혹 교회의 봉사자가 없어서 교회 내의 봉사를 유급 직원을 고용한다는 이야기를 접하기도 한다.

그럼 그 비용은 어떻게 감당해야 하는가? 교회의 재정을 봉사자 고용으로 사용할 수밖에 없는 안타까운 일인 것은 사실이다.

문제는 그러한 고용비용이 부족한 교회는 어찌하는가? 하는 그저 목사와 사모만의 일이라고 단정하기에는 무엇인가 잘못되어 있다는 것이다.

또한 교회 밖의 봉사는 전도를 위한 전도지&주보 나눔, 이웃

을 위한 구제 사업과 미래를 준비하는 장학 사업과 해외 선교 등
을 말한다.

어쨌든 교회는 봉사라는 사랑과 섬김으로 운영되어야 한다.

분명한 것은 봉사자는 교회에 대한 애착과 관심이 배가 되는 은
혜를 체험하고, 또한 마음속에 일어나는 기쁨이 있음을 꼭 실천함
으로 맛보시기를 바란다.

그리고 한 가지 강조하는 것은, 봉사는 살아 계신 하나님이 주시
는 복의 지경이 넓어지는 은혜가 있음도 깨닫게 된다.

5) 성경

(1) 성경의 정의

성경을 캐논(canon, cannon)[1]이라고 말하기도 한다.

즉 성경은 삶의 기준, 잣대라는 의미를 가지고 있다. 하나님과
사람, 예수님과 사람에 대한 역사를 통한 기록과 메시지를, 때로
는 예언을 기록한 책이다.

이 성경은 현재 구약 39권, 신약 27권으로 66권의 각 소제를 가
지고 연대별로 사건별로 왕의 연대기로 인물의 관점으로 각각의

---

1 고대 그리스 미술에서 이상적인 비례를 뜻하는 말이다. 그리스어로 갈대라는 의미이
며 고대 그리스에서는 갈대를 길이를 재는 '자'로 썼기 때문에 '표준', '기준', '정형' 등
의 의미를 가진 단어로 의미가 넓어졌다(나무위키에서 발췌). 음악용어로 카논이라고
도 하는데 영어식 발음인 캐논을 사용하고 있다.

특성을 가지고 기록되어 정경으로 인정하고 있지만, 아직도 '외경'[2]이라는 성경도 존재하고 있음을 알아야 한다.

성경의 원어는 구약은 히브리어로, 신약은 헬라어로 기록되었고 지금도 현존하는 필사본을 옮겨 놓은 역사와 사실적인 책이라는 것이다. 이 성경은 382년에 로마 공의회에서 인정하여 지금까지 사용하고 있다. 성경은 성서라고도 하며 구약은 '옛 약속'이라는 의미를 담고 있으며, 신약도 '새로운 언약'이라는 의미이다.

성경은 하나님이 우리에게 주신 약속을 문서로 기록한 책이다. 그러나 성경을 부르는 용어변경이 있었고, 아직도 아쉬운 점은 유대교는 구약성경도 24권만을 사용하고 있으며 아예 신약은 성경으로 인정하지 않고 있다.

그러함에도 성경은 지금도 기독교인의 신앙의 기준이며 많은 사람들을 하나님 앞으로 인도하고 있고, 성경을 읽고 묵상하고 깨닫는 은혜는 하나님과 예수님 그리고 성령님의 신앙을 이어 나가고 있다는 것이다.

성경은 신앙생활의 기준이다!

---

2 개신교에서는 구약 성경의 일부 문헌을 '외경'이라 부른다. 외경이란 Apocryphos 라는 그리스어 형용사로서 그 본래 의미는 '숨겨진' 또는 '감춰진'이라는 뜻이다. 그러나 초대 기독교가 점차 정립되어 가면서 '숨겨진 것'은 "이단적 내용이거나 출처가 불분명하기 때문에 숨겨진 것" 또는 '거짓된 것'이라는 부정적 의미로 사용되기 시작했으며, 교회는 기원전 2세기경부터 기원후 1세기 사이에 널리 유포되어 있던 경전에서 제외된 모든 서적들을 외경(Apocrypha)이라 불렀다. (나무위키)

(2) 성경을 읽고 공부해야 하는 이유

성경을 읽고 듣고 묵상하고 공부해야 하는 이유는 간단하다.

신앙은 그 기준이 명확해야 한다.

우리나라 초창기 시절에는 성경에 대한 보급률도 낮고 성경을 이해할 수 있는 지적인 능력도 부족하여, 교역자를 통하여 그저 듣는 것과 쪽 성경을 가지고 읽는 것만으로 신앙생활을 했다. 지금처럼 누구나 가지고 있는 성경이 아니기에 성경해석에 대한 왜곡도 많았던 것이 사실이다.

그런데 예배 혹은 부흥회나 부흥사경회에서 듣는 것만으로도 그 신앙을 키웠다는 기적과 같은 일이었다.

그러다 보니 목사에 대한 권위가 너무 높았던 것도 사실이다. 목사가 성경을 풀어주는 해석 즉 설교를 진리로 착각하는 우를 범한 것도 부인하지 못한다.

그런 가운데 성경 보급은 급속히 이루어졌고, 성경해석의 오류를 눈치 채기도 하였지만, 성경 말씀을 읽고 의문을 가지면 오히려 믿음에 문제가 있는 사람처럼 여기며 덮어놓고 믿으라는 강압이 있었던 시절도 있었다.

그러나 지금의 시대는 그런 시대가 아니다.

어떤 분은 목사나 신부보다 성경을 더 깊이 연구하기도 하고, 학자들의 저서도 성경 해설집인 주석도 흔한 세상이 되었다.

우리가 넘치는 성경에 대한 오해를 불식시키고 올바르게 말씀을 이해하고 삶에 적용하려면 먼저 성경을 알아야 한다.

하나님과 예수님을 그리고 성령님을 성경 말씀이 기준이 아닌 자기의 기준으로 이해하고 만들다 보니 수많은 이단과 사이비가 횡행하는 것도 사실이다.

성경은 이렇게 **"우리가 여호와를 알자 힘써 여호와를 알자 그의 나오심은 새벽빛같이 일정하니 비와 같이, 땅을 적시는 늦은 비와 같이 우리에게 임하시리라"**[3] 성경에서의 알자(야다:히)는 피상적인 지식적인 앎이 아니라 직접 체험하고 관계를 갖는 앎이라는 뜻임을 주의해서 보아야 한다.

결론은 하나님을 바로 알려면 해야 할 일이 성경을 읽고 듣고 묵상하고 깨닫고 공부해야 한다. 그래야만 하나님을 오해하지 않고 이단과 사이비에 현혹되어 넘어지지 않는 믿음의 기준이 만들어지는 것이다.

신앙생활은 아는 만큼, 깨달은 만큼 성장한다.

6) 성도(신도)

매체와 기관에 따라 교회에 다니는 사람을 성도 혹은 신도라고 부른다.

도대체 성도와 신도는 어떤 의미이며 차이점은 무엇인가?

우리는 예수 그리스도를 믿는 사람을 부를 때에 성도(聖徒)라

---

3 호세아 6:3

고 한다.

그러나 세상은 우리를 성도라 부르지 않고 신도(信徒)라고 한다.

어떤 차이가 있을까?

성도는 거룩한 사람이지만, 신도는 신앙을 가진 사람이다.

그러나 간과하지 말아야 할 것은 불교도를 신도라 하지만 성도라고 부르지 않는다는 것이다. 즉 세상은 우리를 불교도와 이슬람교도와 심지어 신천지와 같은 부류로 인식한다는 것이다.

이는 우리 책임이다.

우리가 거룩한 삶을 실천하지 못하기 때문이 아닐까?

우리는 하나님을 믿고 예수 그리스도를 따르는 거룩한 사람이다!

그러나 우리는 거룩한가? 라는 질문에 선뜻 "네!" 대답하지 못하고 머뭇거리고 있음은 부인하지 못한다.

신앙 생활하면서 거룩과 경건이라는 말을 자주 사용하기도 듣기도 한다.

신앙이 있다면 한 번쯤은 거룩은 무엇이고 경건은 무엇이며 그차이는 무엇일까를 고민해야 한다.

거룩은 하나님의 속성이다! "내가 거룩하니 너희도 거룩 하라."는 하나님의 말씀을 기억하라.

그럼 어떻게 거룩해질 수 있을까?

아무리 우리끼리 성도라 부른다고 거룩해질까?

거룩해지고 싶다면, 그 답은 하나님의 형상을 회복하는 것이다.

즉 하나님의 형상을 회복하기 위해서 우리가 해야 할 일이 있다.

버려라! (비워라) 그 다음은 하나님의 말씀을 읽고 듣고 묵상하고 기도하며 찬송하고 예배하는 것이다. 이 모든 행위가 경건의 모습이다.

경건을 반복해서 연습하라!

그러다 보면 자신도 모르게 하나님의 음성이, 예수님의 말씀이 들려오기 시작한다. 그리고 그 말씀에 순종하는 것이다. 이것이 거룩으로 우리에게 불어 넣으신 생령을 회복시키는 일이다.

우리는 성도, 즉 거룩한 사람이다!

물론 그럼에도 이 세상에 속한 사람이라 또 죄를 짓고 또 죄 된 모습으로 돌아가지만, 우리의 본향은 에덴임을 잊지 말아야 한다.

믿음은 내가 어떤 상황에 있을지라도 어떤 어려움과 고난에 빠졌을지라도 하나님의 자녀임을 잊지 않는 것이다.

성도의 역할이란?

성도의 역할과 성도가 할 일은 간단하다.

교회와 함께 교회의 사명을 나누어 감당하며 하나님 나라를 바라보며 신앙생활을 하는 것이다.

신앙생활이 성도의 가장 큰 역할이다.

경건으로 거룩한 삶을 사는 신앙생활을 세상에 보여주는 것이다. 예수님이 우리에게 부탁하신 일이 성도의 역할이다.

"… 나를 믿는 자는 내가 하는 일을 그도 할 것이요 또한 그보다

큰일도 하리니 이는 내가 아버지께로 감이라"[4]

지금 우리가 최선을 다하여 공동체에서 신앙생활을 하는 것과 예수님의 사랑을 전하는 일이 성도의 역할이다.

7) 기도

(1) 기도의 의미

기도는 영의 호흡이다! 라고 말을 한다.

즉 이 말은 기도하지 않으면 죽는다는 것인데, 문제는 아직도 신앙생활에서 어려운 부분이 무엇이냐고 성도들에게 물으면 기도라고 한다는 것이다.

그럼 한 가지 예를 들어본다.

수영을 잘하려면 어떻게 해야 하는가? 어릴 적부터 바닷가에서 살던지, 아니면 수영장이 딸린 집에서 물과 함께 자연스럽게 생활하면 된다. 그렇지 않고 수영을 배우려면 제일 먼저 가르치는 것이 '음파!' 하는 물속에서 숨을 들이쉬고 내뱉는 연습을 시킨다. 이것이 훈련되어야만 호흡을 자유롭게 하며 수영할 수 있게 되는 것이다.

마찬가지로 기도를 영의 호흡이라고 하면, 호흡은 내가 의식하지 않아도 자연스럽게 들숨과 날숨이 이루어지는 것이다.

우리가 말하는 기도는 날숨을 말한다고 해도 지나치지 않다.

---

4 요한복음 14:12

호흡은 들숨과 날숨이 순차적으로 이루어지는 것처럼, 기도도 들숨이, 즉 하나님의 말씀을 들음이 있어야 한다. 혼자서만 떠들고 말하는 것은, 들숨 없이 날숨만 계속하는 것을 알아야 한다.

이것이 기도의 호흡이다.

즉 내가 구하고 하나님이 들으시고, 하나님께서 말씀하시고 내가 듣고, 나와 하나님이 순차적 듣고 구함이 기도이다.

기도를 유창하게 한다고 해서 하나님이 듣고, 더듬거리면서 기도를 한다고 해서 하나님이 듣지 않으실까?

기도는 진실한 마음으로 구하고 듣는 것이다.

이제 기도하면서 내가 구하였으면 조용히 하나님의 응답을 기다려 보라!

그런 시간이 만들어지면 어느덧 멋진 기도의 용사가 되어 있음을 알게 된다.

기도는 들숨과 날숨의 법칙이다.

(2) 기도의 응답과 종류

기도의 응답은 보통 4가지로 설명한다.

그래! 안돼! 기다려! 그리고 침묵이다!

그런데 우리는 기도의 응답은 그래! 만으로 제한하는 아주 미련한 짓을 하고 있다! 이는 하나님을 알라딘의 요술램프 요정으로 착각하고 있음이다.

하나님은 우리에게 요술쟁이로 존재하시지 않는다.

우리를 통하여 하나님의 뜻을 이루시기를 원하는 방법이 기도를
통해서임을 알아야 한다.

하나님과 소통하는 가장 빠르고 가장 좋은 방법이 기도이다!

기도 없이 신앙생활을 하는 것은 전장에 총을 소지하지 않고 나
가는 것과 마찬가지이다. 신앙생활에 있어서 이렇듯 중요한 기도
의 종류에 대해서 기술하고자 한다.

기도의 종류는 기도하는 방법으로 나누고 종류를 구분하는 것
뿐이다.

기도는 기도이다!

우리가 하나님께 구하고 하나님이 대답하시고 하나님이 명령하
시고 우리가 하나님의 명령을 듣는 과정이 기도이다.

그러함에도 기도의 종류를 나눈다면 주의 기도, 침묵의 기도, 우
리의 믿음의 선배들이 했었던 다윗의 기도, 솔로몬의 기도, 모세의
기도, 하박국의 기도, 다니엘의 기도, 야베스의 기도, 고넬료의 기
도 등과 금식기도, 방언기도, 관상기도를 말할 수 있다.

어떤 기도가 최고라고 말할 수 없다!

각 기도의 방법은 각 교회의 목사님으로부터 차근차근 배우면서
기도의 용사가 되기를 바란다.

기도를 잘하는 요령과 왕도는 없다!

먼저 기도의 자리에 앉아 기도하라! 기도할 말이 없다면 주의 기

도를 읊조리기도 하며, 조용히 침묵하면서 하나님의 세미한 음성을 기대하라. 그러다 보면 자신도 모르게 기도의 참맛을 알게 되고 말씀을 읽으며 기도의 깊은 경험으로 기뻐할 것이다.

하나님께 가장 친한 친구처럼 말하라, 그리고 들어라! 그래서 기도의 자리에 앉는 훈련과 시간을 확보하라!
기도는 들숨과 날숨, 그리고 하나님께 집중하는 것이다.

8) 찬송

찬송이란?
찬송은 곡조가 있는 기도이다!
또한 하나님을 향한 감사와 칭송과 고백, 그리고 간절한 부르짖음이 찬송이다.
찬송으로 대표되는 성경은 시편이다. 시편은 다윗이 많은 부분을 노래했고 그 외에 솔로몬과 당시의 현자들의 시와 노래로 만들어진 찬송이다. 그 찬송에는 영광을 찬양하는 것도 있지만 자신의 비탄한 심정을 하나님께 아뢰며 울며불며 노래하는 부분도 있다.
그래서 찬송을 성경에서 가장 뛰어난 시 문학의 걸작품이라고 말한다.
그렇게 찬송에서 제일 중요한 부분은 온 마음을 다하여서 하나님의 은혜를 찬양하는 것임을 잊지 말아야 한다.
물론 귀에 듣기 좋은 화음과 웅장한 합창도 중요하지만 더욱 중요한 것은 울리는 꽹과리가 아닌 진정으로 마음을 다해서 노래하는 것이다.

우리가 드리는 찬송도 마음을 다하여 진정으로 노래하는 것이다.

신앙생활에서 찬송은 우리를 주님 앞으로 인도하며 힘과 위로와 평안을 찾게 한다.

신앙생활에서 찬송은 하나님께 영광이 되는 것임을 잊지 말기를 바란다.

삶으로 드리는 찬송,

기도로 드리는 찬송,

헌신과 봉사로 드리는 찬송,

복음 전파와 선교로 드리는 찬송 등

찬송하는 방법은 신앙생활 그 자체이기도 하다.

9) 구원

왜 신앙생활을 하십니까? 하고 이유를 물으면 죽어서 천국 가야 한다고 답하는 사람들을 어렵지 않게 만날 수 있다!

여러분들도 천국행 티켓을 얻으려고 신앙생활을 하는지 묻고 싶다.

구원은 무엇인가?

죽어야 받는 것인가? 티켓을 예매하는 것과 같이 살아서도 얻을 수 있는 것인가?

구원은 행위가 아니고 믿음이라는 **이신칭의(以信稱義義)**[5]는 로마서의 가장 중요한 핵심이다. 믿음이란 구원을 위한 보상의 결과가 아닌 '의롭다' 하심은 전적인 하나님의 은혜라는 것이다.

반면에 야고보서는 **'행함이 없는 믿음은 쓰레기'**라고 단정한다.

이러한 반대되는 말씀으로 로마서와 야고보서는 상충이 되기도 하지만, 믿음이 있다고 말을 하면서 믿음의 행위가 전혀 없는 신앙생활을 경계하는 것으로 알아야 한다. 즉 믿음은 입으로만 하는 것이 아닌 경건의 모습이 보이고 나타나야 한다는 것이다. 이는 위선적인 종교인들을 향한 일침이기도 하다.

가장 중요한 구원의 핵심은 비록 우리의 힘으로는 구원에 이르지 못하지만, 예수 그리스도를 힘입어 구원을 받는다는 사실이다. **"사람이 마음으로 믿어 의에 이르고 입으로 시인하여 구원에 이르느니라"**는 로마서 10장 10절의 말씀은 우리에게 큰 위로와 소망이 되는 것은 사실이다.

마음 깊숙이 "아멘 주 예수여 어서 오시옵소서!" 라고 간절한 믿음을 가질 때 우리를 의롭게 여기시는 하나님의 구원의 은총이 우리에게 가득 넘치게 될 것이다.

구원의 확신을 가지고 이 땅을 살아갈 때 우리의 삶을 복 있는 삶이 되어질 것이다.

---

5 믿음으로 의에 이른다는 로마서의 구원론으로 이신칭의(以信稱義): 종교개혁의 가장 중요한 교리, 예수 그리스도를 믿으면 하나님으로부터 의롭다는 인정과 구원을 받는다는 교리

그 구원의 증거로 아름다운 신앙생활을 하면서 복음의 증인으로 사는 삶이 경건이고 거룩함의 시작일 것이다.

10) 하늘나라(하나님나라·천국)

천국? 하늘나라? 하나님나라? 도대체 어떤 말이 맞는가?

천국(天國)을 우리나라 기독교 초기에는 천당(天堂)이라도 하였다. 천국이나 천당은 같은 의미이다.

천국이나 하늘나라는 같은 의미로 가장 높은 곳에 존재하는 최상의 나라 최고의 나라가 천국이고 하늘나라이다!

그럼 하나님나라? 는 어떤 나라인가?

하늘나라와 하나님나라를 가장 많이 혼동하고 있다.

이를 혼동할 수 있지만 분명하게 구분하여야 한다.

하늘나라는 가장 높은 곳에 만들어진 하늘에 만들어진 나라로 국한되었다면, 하나님나라는 하나님이 통치하는 나라이다.

즉 하나님의 뜻과 법이 있는 나라이고, 하나님의 통치의 손길이 미치는 곳은 땅이든 바다이든 하늘이든 우주이든 모두가 하나님 나라라는 것이다.

예수님이 우리에게 사람의 모습으로 오신 이유도 이것이다.

죄악으로 얼룩진 이 땅을 하나님나라로 만드시고 변화시키려고 이 땅에 오신 것이다.

그래서 모든 피조물의 죄의 값을 십자가 죽음으로 대신하신 것이다.

이제 우리가 해야 할 예수님이 당부하신 일은 예수님이 시작하신 하나님나라를 계속해서 만들어가고 전하는 일이고, **우리가 사는 이 땅을 에덴으로 회복하는 것이 예수님의 방법이고 하나님의 뜻**이라는 것이다.

죄로 인해 하나님을 향한 의심과 불신으로 에덴이 실종되고 그 길을 화염검으로 막아 놓은 것을, 예수님의 십자가가 그 길을 열어 놓음으로 회복하신 것이 하나님나라이다.

천국에 국한된 하늘나라가 아니라 이 땅과 하늘과 온 우주에 하나님나라가 만들어질 것을 믿고 확신한다.

신앙생활로 주의 나라를 확장해가는 우리가 하나님나라의 주인공이다.

11) 하나님 · 예수님 · 성령님

기독교에서 이 부분이 제일 어렵다. 설명하기도 가르치기도 이해하기도 어려운 것이 **삼위일체**(三位一體)이다.

그래서 삼위일체를 하나님의 이름으로 설명한다.

하나님의 이름은 여호와(야훼)라고 하며 섭리와 통치의 만유(滿濡)의 하나님으로 어느 곳이든지 가득 차고 넘치는 은혜 그 자체이다.

예수님의 이름은 예수이고 별칭은 그리스도, 구원자라는 뜻이다. 예수님이 이 땅에 사람으로 오셔서 십자가 죽음과 부활로 구원의 시작과 그 길을 만드셨고, 이제 보혜사로 성령님의 이름을 기록하고 있으며 영의 하나님으로 지금 우리와 함께하시는 하나님이시다.

하나님은 그 하시는 역할에 따라 우리가 부르는 이름이 다르지만 본체는 한 분이라는 것이다.

이를 자꾸 설명하면 양태론(樣態論)[6]으로 비약되는 단점이 있다. 이렇듯 설명도 이해도 어렵다고 하는 것이다.

그럼 어떻게 삼위일체의 하나님을 이해하는가? 하는 질문에 성령님의 인도함으로 깨닫도록 하라고 한다.

또한 우리가 만들어 낸 세 분을 합해서 부르는 말이 주님이다. 그러나 주님이라는 단어는 간혹 왜곡과 곡해가 되기도 하는 단점도 있다.

어쨌든 우리는 하나님의 은총과 사랑으로 이 자리에 있고, 십자가 예수님의 사랑으로 구원받았으며, 성령님의 인도하심과 함께하심으로 신앙생활을 하며 복을 나누고 전하고 흘러넘치게 하는

---

6 양태론은 물론 다양한 형태로 나타나지만, 기본적인 양태론을 쉽게 설명하자면 성부와 성자와 성령을 동일한 한 인격으로 간주하는 것이다. 예를 들면 한 사람이 회사에서 사장이고, 교회에서는 권사이며, 집에서는 가장이 된다든지, 동질의 물이 얼음과 수증기의 형태를 가진다는 예를 들어 말한다. 이러한 비유는 한 실존적인 인격의 세 가지 양태(Mode)를 보여주며, 이러한 것을 단일신론적 양태론이라고 하는데, 일반 성도들이 범하기 쉬운 잘못된 이단적인 주장이기도 하다. 한 사람의 세 양태, 사장과 권사와 가장이라는 사역적인 직분은 상호간에 인격적 교류나 관계를 갖지 못하는데, 세 양태가 동일인격이기 때문이다. [출처] 양태론과 삼위일체|작성자 사랑샘은혜교회

복의 통로가 되기를 간절히 기도한다.

12) 복

"복 받으세요!" 라고 말하면 누구든지 좋아한다.

복을 빌고 복을 주는 행위는 어쩌면 사람만이 할 수 있는 특권이다.

그럼 복은 무엇인가?

복 받으세요! 라고 축복할 때 복을 비는 사람과 복을 받고자 하는 사람의 복의 개념이 같을까? 를 생각해보면 아니다! 라고 답을 할 수밖에 없다.

왜냐하면 복의 개념이 다르기 때문이다.

복은 복이다! 즉 내 힘으로 만들 수 있는 것이 아니다.

그래서 복은 신의 영역인지도 모른다.

그럼에도 세상은 복을 눈에 보이는 것만으로 여기고 복을 위해 사고팔고 나누고 지지고 볶고 난리 법석이다.

그만큼 복을 싫어하는 사람이 없는 것 같다.

그렇다면 예수님이 말씀하는 복은 무엇인가?

복은 하나님의 선물이며 은총이다.

가장 큰 복은 우리는 하나님의 형상으로 지으심을 받은 생령이 불어넣어진 존재라는 것이다.

그리고 복은 수많은 죄에도 불구하고 우리를 사랑하셔서 징계보다는 용서와 회복으로 예수님을 보내신 것이다. 예수님의 십자가를 통한 대속의 은총으로 부활의 소망을 갖게 하신 것이다.

또한 어떤 고난과 역경과 환난도 이겨내고 살아남아 남은 자의 기적을 누릴 하나님나라의 주인공으로 살게 하실 것을 믿는 믿음의 사람으로 서게 하신다는 것이다.

신앙생활이 복이다!

그래서 우리에게 베푸시는 복은 하나님나라이며 또한 이 땅에서 기도하며 기대하며 하나님의 은총과 기적을 누리고 증거자로 살기를 원하시고 우리가 그렇게 되어 복을 누리며 사는 것이다.

그로 인하여 우리가 복의 통로가 되는 것이 신앙생활이며 진정한 복이다.

할렐루야!

3. 뜨거운 감자

1) 교회의 세습은 정당한가?

주식회사! 주식교회?

자본으로 움직이는 유기체를 주식회사[1]라고 말한다.

마찬가지로 자본으로, 지분으로, 기득권으로, 힘으로 움직이는 교회를 필자는 주식교회[2]라고 명명한다.

그렇다고 교회가 주식을 발행하지는 않는다.

다만 주식이라 표현한 이유는 영향력이 많은? 사람이 주인처럼 행세하는 것이기 때문이다. 그럼 교회의 주인은 누구인가? 라는 문제에 직면하게 된다.

성경에서 예수님은 **"너는 베드로라 내가 이 반석 위에 내 교회를**

---

1 주식회사(株式會社)는 주식을 발행하여 자본금을 충당하는 회사를 말한다. 조그마한 회사(예: 구멍가게)는 그냥 자기 돈으로 이것저것 해도 되지만, 회사 규모가 커지고 직원수도 많아지면 자본금을 개인 돈으로 대는 것에는 한계가 있게 되고, 이 한계를 돌파하기 위해 타인의 돈을 가져다 쓰고 그 대가를 주게 된다.(출처 나무위키)
2 주식교회라는 말은 아직 사용하지 않는다. 필자가 주식교회라 이름한 것은, 마치 교회가 주식회사 처럼 운영되는 것을 빗댄 표현이다.

세우리니 음부의 권세가 이기지 못하리라"[3]라고 말씀하셨다. 즉 교회의 주인은 '예수님이다!'라고 성경은 기록하고 있다.

그러나 현실은, 정말로 예수님이 교회의 주인인가? 하는 의문과 질문을 하게 된다. 왜냐하면 교회가 마치 주식회사처럼 양도되고 세습되기 때문이다.

그런데 세습이 정당하고 문제없다는 의견도 있고, 세습은 죄악이라고 말하는 의견도 있다. 어느 의견이 설득력이 있는지 그 주장을 살펴본다.

(1) 세습이 정당하고 문제가 없다는 의견

우리나라에서 장자 교단에 소속된 많이 알려지고 규모도 큰 서울의 OO 교회가 2023년에 세습을 마쳤다.

이로 인하여 교단 내부에서도 수많은 반대도 있었지만, 결국 OO 교회는 세습을 유유하게 마치고 교단의 총회까지 치루는 여유를 보였다.

그들의 주장은 세습이 정당하고 문제없다고 한다!

세습하는 교회의 주장은 '구약 성경의 대제사장의 세습'을 예시

---

3 마태복음 16:18

로 들고 있으며, 세습의 결정을 당회[4]와 공동의회[5]에서 결의하기에 교회법으로 아무런 하자가 없다고 한다.

그렇다면 장로회(통합 총회)의 교회 헌법은 어떻게 말하고 있는가?

위임목사와 담임목사의 청빙에 대한 목사의 자격과 조건을 총회 헌법은 세습에 대하여 구체적으로 총회 헌법 28조 목사의 청빙 6항에 명시하고 있다.

[6. 위임목사 또는 담임목사 청빙에 있어, 아래 각호에 해당하는 이는 위임목사 또는 담임목사로 청빙할 수 없다. 단 자립대상교회에는 이를 적용하지 아니한다. (신설 개정 2014.12.8.)]

① 해당 교회에서 사임(사직) 또는 은퇴하는 위임(담임)목사의 배우자 및 직계비속[6]과 그 직계비속의 배우자

② 해당 교회 시무장로의 배우자 및 직계비속과 그 직계비속의 배우자][7]

총회 헌법은 분명히 세습을 금지하고 있음을 알 수 있다.

---

4 장로교회의 영수모임으로 목사, 장로로 구성되어 있고 교회의 중요한 안건, 직원선거 및 위임목사 청빙을 결의하고 공동의회에 상정하여 출석 인원 2/3 이상을 찬성으로 결정한다.
5 당회에서 상정된 교회의 중요한 결정을 18세 이상의 세례교인이 참여하는 최고의 의결기구이다.
6 직계비속은 자신으로부터 아래로 내려오는 혈족을 말하며 자녀 손자 증손이 해당된다.
7 총회 헌법 28조 6항

그럼에도 세습이 이루어지는 이유는 무엇일까? 를 생각한다.

세습하는 교회의 변은 '교회의 혼란을 최대한 방지하고 더 발전시키기 위한 것'이다! 라고 말한다.

물론 전혀 엉뚱한 말은 아니지만 "구더기 무서워 장 못 담근다." 라는 속담이 떠오른다.

(2) 세습은 죄악이라고 말하는 이유

세습은 자녀 혹은 직계비속에게 물려주는 행위로 세상의 기업과 같다는 점으로 세상과의 구별을 외치는 교회의 본질을 벗어난다는 것이다.

그리고 교회의 최고의 법인 헌법을 무시하는 태도이다.

그런데 총회가 교회의 세습을 막지 못하는 이유는 개 교회는 총회에 소속을 두고 있지만, 물리적인 제재를 가하지 못한다는 것이고, 총회 탈퇴를 무기로 삼는 교회도 있다.

또한 위임목사를 둔 대형교회가 세습함으로 세상의 본이 되기는 커녕 사회로부터의 지탄받는 교회의 이중성이 낱낱이 세상 사람의 입에 오르내리면서 교회의 전도와 선교의 문을 막고 있음이다.

세습은 예수 그리스도의 희생과 사랑을 세상이 비아냥거리도록 한다는 사실이다.

(3) 왜 세습을 할까?

총회 헌법에서도 정서에서도 세습을 금지하는 이유, 즉 교회는 주식회사가 아니라 주님의 교회임을 누구나 알고 있다.

그럼에도 세습을 하는 이유는?
교회를 하나님이 주인이신 것이 아닌 내 것이라고 생각하기 때문이다.
독선적인 행정과 재정의 비리와 개인적인 사(私)용을 덮으려는 것 아닐까? 생각한다.
교회가 세상처럼 타락한 것이다.
즉 주님이 머리이신 교회가 아니라 세상처럼 지분이 많은 영향력이 많은 사람이 주인이 된 것이다.

(4) 우리의 생각!

교회는 예수 그리스도의 몸이다.
즉 예수님이 주인이시다.
"내 집은 만민이 기도하는 집이라."[8]는 예수님의 말씀은 교회는 누구든지 기도해야 하는데, 우리가 교회를 강도의 굴혈로 만드는 것은 아닌가? 하는 생각이 든다.

교회는 주식회사가 아니다.
교회는 교회다워야 하고 교인은 교인다워야 한다.
세상은 이런 참 교회를 찾고 있다!

---

8 막11:17

2) 교회 안에만 구원이 있는가?

**꼭 교회에 나가야만 구원을 받습니까? 라고 항변하는 사람이
있다.**

그러면서 예수님이 오시기 전 구약시대에는, 예수님을 모르던
시대에는, 예수그리스도가 전파되지 않는 곳의 사람들은? 어떻게
구원을 받는가? 라고 묻는다.

교회가 예수를 통해서만 구원받는다는 편협함을 갖고 있다! 라
고 말하고, 여기에서 벗어나야지 되지 않느냐? 고 한다.

어떻게 가든 서울을 가는 방법이 여러 가지인 것처럼, 구원도 얼
마든지 다른 종교에도 있다는 논리를 펴기도 한다.

'월권행위'[9]라는 말과 오지랖[10]이라는 말이 있다!

자신의 신앙생활과 믿음에 집중하기보다 '이순신 장군은 구원받
았나?' 라는 의심을 하는 것은 혹시 핑계와 변명이 아닐까? 라는
생각이 먼저 든다. 그리고 서울로 가는 길이 여러 방법이라는 논리
가 적당한가? 라는 질문도 하고 싶다.

---

9 자신의 권한 밖의 일에 관여하는 것을 말한다. 즉, 남의 권한까지 침범하는 일. '월권
행위'라고도 하   고 순우리말로는 '막부림'이라고 한다. 직권남용은 월권을 범죄로 규
정한 법률상의 명칭이다.
10 오지랖이 넓으면 그 안의 옷을 다 가리니 남들 앞에 나서서 간섭할 필요도 없는 일
에 참견하며 따지   는 모양새가 이와 닮아서 나온 말이다. 이렇게 오지랖이 넓은 사람
을 신조어로 '오지라퍼(오지랖+er)'라고 부르기도 한다.(나무위키)

분명히 말하고 싶은 것은 교회!

기독교(개신교)는 윤리와 도덕을 가르침이 목적이 아니라 창조주 하나님을 믿고 섬기며 찬양하고 경외하는 것이다. 하나님 나라의 백성들에게 주시는 복음에 대한 믿음의 선물이 구원이라는 것이다.

a. 예수 그리스도를 통해서만 구원받는 이유

진리는 변하지 않는다.

진리는 타협하지 않는다.

타협을 한다는 것은 틈새가 있음을 인정하는 것이다.

만약에 예수님이 로마의 권세와 타협했었다면, 예수님의 십자가 죽음도 예수님의 부활도 없었고 성령님도 안 계시고, 우리의 구원도 없었음을 감히 말한다.

세상은 어떻게든 우리와 타협을 하려고 한다.

우리가 한 발짝 물러서면 자신들도 우리를 조롱하지도 비아냥거리지도 핍박하지도 않겠다고 한다.

세상이 우리에게 한 발짝 물러서라는 것은, 예수님 외에도 구원의 길이 있고, 다른 종교를 통해서도 구원이 있다! 라고 회유하는 것이다.

이는 타협이 아니다!

예수님 전체를 부인하는 것이다.

예수님의 십자가는 사랑의 희생이다. 예수님은 죄가 없으시면서 우리를 대신하여 죗값을 치른 것이다.

b. 교회에 나가야 하는 이유

교회에 아무리 많이 나가도 구원에 이르는 것이 아니다.

교회에 나가는 것을 마치 불교에서 공덕을 쌓는 행위처럼 생각하지 말라.

그럼에도 교회에 나가야 하는 이유는 복음을 직접 들을 수 있기 때문이다. **"믿음은 들음에서 나며 들음은 그리스도의 말씀으로 말미암았느니라."**[11]

믿음, 즉 구원은 믿음으로 받는 것이다.

믿음의 시작은 복음, 즉 예수님의 말씀을 들음에서 시작되는데, 예수님의 말씀을 전하고 가르치는 곳이 교회이다.

교회에 나오더라도 예수님의 말씀을 듣지 않으면, 믿지 않으면 구원과는 아무런 관계가 없다.

세상 논리는 세상에 국한된 것이다.

진리, 즉 예수님의 말씀은 하늘나라, 더 나아가서 하나님나라에 관한 말씀이다.

세상 논리와 과학으로 동정녀 마리아의 예수님 탄생을, 십자

---

11 로마서 10:17

가 죽음과 부활을 설명할 수 없다! 라는 사실을 잊지 말아야 한다.

그래서 우리는 진리의 말씀, 즉 복음을 가지고 타협할 필요도 없고 오직 그 가치는 십자가의 사랑과 부활의 사실로 이어진 구원의 약속이다.

이것이 구원은 교회 안, 즉 예수 그리스도를 통해서만 있다는 명백한 증거이다.

"내가 곧 길이요 진리요 생명이니 나로 말미암지 않고는 아버지께로 올 자가 없느니라."[12] 너무나 분명한 복음, 진리의 말씀이다.

3) 고난? 고난!

예수 믿으면 복 받습니다! 라고 하는데, 왜 나는 복은 고사하고 고난만 있나요?

고난이 무엇이라고 생각하는가?

어려운 일이 생기면 고난 받는다! 라고 말하는 것은 분명 고난에 대한 이해가 잘못된 것이다. 자신의 잘못으로 생겨난 것은 고난이 아니라 실수이며 실패이고 벌이라는 징계이다.

그런데 보통 이 부분을 착각한다.

자신의 실수와 그릇된 판단과 행동으로 어려움 겪는 것을 고난이라고 생각하는 것은 잘못이다.

---

12 요한복음 14:6

고난은 내 잘못으로 받게 되는 것이 아니라, 자신의 잘못은 없는데 어려움을 당하거나 겪게 되는 것, 그리고 죽음으로까지 이어지는 것을 말한다.

가장 대표적인 고난이 예수님이 겪으신 십자가 사건이다. 예수님의 십자가로 고난을 이해하여야 한다.

십자가 고난이라는 의미

(1) 사랑이다

남을 대신하여 벌을, 징계를 받는 일을 우리는 Sacrifice, 즉 희생이라고 말한다. 이 희생의 본질이 사랑이다. 사랑 없이 타인을 위하여 희생할 수 없기 때문이다.

(2) 다른 방법은 없다

죄를 깨끗하게 하는 방법은 그 죄의 값을 받는 것이다. 성경은 죄의 값을 사망이라고 말씀하고 있다.

고난이 가리키는 것은, 사망이라는 것을 간과하지 않기를 바란다.

그래서 십자가 죽음 외에는 다른 방법이 없는 것이다.

(3) 회복이다

예수님의 십자가는 죽음으로 끝이 나지 않았고 부활로 그리고 다시 오실 약속이다. 즉 죄를 씻고 잃었던 에덴의 회복이 시작된 것이다.

예수님의 고난은 우리에게는 소망이다.

또한 왜 의인이 고난을 당할까? 라는 질문도 여러 번 받았다.
반문하면? 이 세상에 의인이 있을까?
"기록한 바 의인은 없나니 하나도 없으며"[13]라고 성경은 기록
한다.

혹시 자신이 의인이라고 생각하는가?
아니라고 하면서도 자신이 의인인 척하며 사는 것은 아닐까?
만약에 의인이 아니라면 고난은 당연하다.
분명한 것은 의인이라고 생각되는 사람? 도 고난을 만날 수 있
다.
그래서 중요한 것은 어떤 이유가 없어도 하나님을 신뢰하는 것
이 먼저라는 것을 알아야 한다.
하나님을 신뢰하는 사람이 의인이라는 것을 잊지 말아야 한다.

4) 교회 다니면서 술을 마시면 안 되는가?

교회에 다니면서 술을 마시는 것이 죄일까? 라는 질문을 많이

---

13 로마서 3:10

받았다. 아니 많은 사람이 그렇게 생각하고 있는 것이 현실이다.

그러면서도 성찬식 때에는 예수님이 흘리신 피를 상징하는 포도주를 마신다. 술을 조금 먹으면 괜찮다는 말인가? 아니면 예식으로 마시는 포도주는 정말 예수님의 피로 여겨지는 것일까?

술에 대한 일반적인 교회의 입장은 무엇인가?

우리나라의 교회는 크게 장로교회(예장의 통합, 보수, 기장, 개혁, 혁신, 대신 등등)와 감리교회와 침례교회, 그리고 성공회와 천주교로 나눈다. 각 교단의 입장이 조금씩 다르지만, 전통이라는 이유로 금주를 권하고 있는 현실이다.

그래서 세상은 예수님을 믿는 사람들은 금주를 원칙 아닌 원칙으로 알고 있다. 그럼 성도들은 금주를 철저히 계명을 지키듯 지키고 있는가? 하는 것이다.

이 문제에 대하여 죄다! 아니다! 라는 나름의 이유가 있지만, 그 기준을 세웠으면 한다.

(1) 음주는 죄(罪)라는 의견

술이 왜 술인가?

술술 넘어가기에 술이라는 말도 있고, 처음에는 사람이 술을 먹고 조금 지나면 술이 술을 먹고 나중에는 술이 사람을 먹는다! 라는 경계의 말도 있다. 즉 술은 절제하기가 참으로 어렵다는 것이다.

그럼에도 술과 관련된 여러 가지 말이 있다. 약주(藥酒), 반주(飯酒), 단주(斷酒), 금주(禁酒), 복주(福酒), 혼주(婚酒) 등등의 말이 있는 이유는 우리 민족이 술과 친한 느낌이 있고, 우리나라처럼 술에 관대한 나라는 없다는 것이다. 그러면서도 유독 개신교에만 엄격하게 교리도 아닌데 교리처럼 술을 금하는 이유는 무엇일까?

이는 기독교가 전파될 당시의 상황을 알아야 한다.

구한말의 한국 사회는 술, 노름, 축첩이 만연되었다고 해도 과언이 아니다. 초기 기독교는 세상의 모습과는 구별된, 무엇인가 달라야 하는 것으로 술과 노름과 축첩을 금지하였다.

이 혁신은 좋은 반응과 사회를 선도하는 모습으로 많은 이들에게 전해졌다. 기독교의 평등사상은 양반과 상놈, 여자와 남자라는 신분의 제약을 없애고자 하여 폭발적인 전도 효과로 긍정적인 결과를 만들었다.

그러면서 이 약속과 전통이 한국기독교의 법 아닌 법처럼 지켜진 것이다.

또한 기록된 성경 **"술 취하지 말라 이는 방탕한 것이니 오직 성령의 충만을 받으라."**[14]는 성경 말씀은 술 마시는 것을 죄로 인식하게 하는 결정타가 되었다.

---

14 에베소서 5:18

(2) 음주는 죄가 아니다! 라는 의견

"술 취하지 말라 이는 방탕한 것이니 오직 성령의 충만을 받으라"를 And be not drunk with wine wherein is excess~(KJV) Do not get drunk on wine, which leads to debauchery~.

즉 술을 취(get, be drunk)하는 것은, 죄가 아니라 죄의 길로 안내한다고 해석한다.

그렇다면 술로 복음을 가리지 말아야 하고 이로 인하여 아직도 우리나라가 남자보다 여성도가 훨씬 많은 개신교의 대세가 되어버린, 즉 불균형한 성비의 이유라고 말한다.

복음은 만민에게 공평하다면서 술의 제약은 오히려 전도와 선교의 장애가 되는 현실이라 지적한다.

술이 죄의 길로 인도한다고 하면, 술을 안 마시는 사람은 죄와 결별하고 사느냐? 라는 질문도 한다.

같은 기독교인 로마 가톨릭은 술 마심을 죄로 여기지 않기에 술로 매개체를 삼아 교제하고 소통하는 장을 만들고 있는 것에 반하여 유독 개신교만 술 마심을 범죄자 취급하는 근대적인 모습이기에 속히 술의 문제에 대한 개방이 이루어져야 한다고 주장하기도 한다.

(3) 음주에 대한 결론을 내려야 한다면!

술을 마셔도 되는가? 마시면 죄가 되는가? 에 대한 답변을 이렇게 하고자 한다.

정말 개신교인들이 삶의 현장에서 술을 마시지 않을까?

술을 마시더라도 교회에 나와야 한다.

술 마시는 것이 죄라 하더라도, 다른 죄와 같은 맥락으로 취급하면 안 된다? 하는 생각이다. 모든 사람이 죄인이라고 고백하면서 술 문제를 유독 예민하게 정죄하지 말자는 것이다.

그만큼 술에 대한 폐단을 알기에 그런 것이다.

정죄는 우리의 몫이 아니다! 라는 것을 간과하지 말아야 한다. 정죄는 주님의 몫이지 우리가 죄다 아니다. 술을 Excess[15] 하지 않는다면, 자신이 절제하고 마치 디모데[16]처럼 약으로 조금씩 쓰면 좋겠다! 라는 생각이다.

"이제부터는 물만 마시지 말고 비위와 자주 나는 병을 인하여 포도주를 조금씩 쓰라"[17]

5) 담배

담배 피우는 문제는?

---

15 과도한, 지나친, 초과, 과다
16 사도 바울이 아들이라 불렀던 제자
17 디모데전서 5:23

사람들은 담배에 대하여 어떤 생각일까?

이 답변은 아주 쉬운 편이다. 담배는 해롭다고 한다.

정부의 행정 기관이었던 전매청으로 아직도 알고 있는 한국 담배인삼공사는 담배 겉면에 흡연으로 인해 생긴 암 발생 시에 생긴 끔찍한 사진 등을 실으면서도 판매를 하고 있다.

그러면서도 한편으로 금연홍보를 하는 모순된 요지경 같은 세상에 우리는 살고 있다.

정부는 또한 담배에 아주 높은 세금을 책정하고 그 세수를 거둬들이고 있다.

[흡연은 가장 보편화된 약물 사용이다. 현대 사회에서 담배를 피우는 일은 일상화되어 있다. 소수의 사람은 대마초나 아편을 피우기도 한다. 이러한 흡연은 모두 중독성이 있는 것으로 알려져 있다.

현대 의학의 연구에 따르면, 담배를 피우면 폐암, 심근경색, 만성기관지염과 폐기종 및 신생아의 선천성 장애를 일으킬 수 있다고 보고되었다. 이러한 까닭에 많은 나라에서 담배에 높은 세금을 부과하고 금연 운동을 펼치고 있다. 또한 여러 나라 및 지역에서는 공공장소에서 흡연을 금지하고 있다.][18]

---

18 위키 백과 흡연에서 발췌

참으로 아이러니하다!

그럼 왜 건강에 나쁜 영향을 미치는데도 불구하고 흡연을 하는 이유는 무엇일까?

여러 가지 이유가 있겠지만 흡연은 약물중독이라는 것이다. 그래서 담배를 끊기가 어렵다고 한다.

그런데 놀랄 일이 벌어졌는데, 성남의 만나 교회에서 흡연실을 만든 것이다.

[경기도 성남 만나교회(김병삼 목사)에 흡연실이 만들어진 과정은 다음과 같다. 언젠가 김병삼 목사는 젊은 부부를 심방한 자리에서 이런 이야기를 듣게 된다. 남편이 담배를 피우느라 예배당에 들어오지 않는다고, 교회에 오면 아내와 아이만 들여보내고 본인은 교회 밖을 서성인다고. 일반적인 목회자라면 금연을 독려하는 수준에서 끝났을 테지만 김 목사는 달랐다. '크리스천이라면 담배를 피워선 안 된다. 하지만 담배를 피우는 사람은 교회에 오면 안 되는가.' 이런 생각을 하니 답은 간단했다. 그는 교회에 흡연실을 만들기로 했다. 만나교회 홈페이지에 적힌 흡연실 소개 문구는 이렇다. '만나교회의 흡연실은 흡연을 권장하는 장소가 아니라 흡연자도 자유롭게 교회에 올 수 있음을 나타내는 장소입니다.'

흡연실을 둘러싼 김 목사의 정확한 생각은 그가 2018년 내놓은 「치열한 도전」이라는 책에서 확인할 수 있다. 그는 '흡연실은 분명 선교적인 공간'이라면서 이렇게 적었다. '흡연실 설치를 두고 어떻게 교회가 대놓고 담배를 피우라고 하느냐고 분개하는 사람들이 많았다. 그러나 그 공간의 의미는 담배를 피우면서도 교회에 올 수 있다는, 그리스도인이 될 수 있다는 선언에 있다. 우리 교회가 건강하다면 예배당에 있는 사람들이 흡연실을 통해 세상으로 나가지 않을 것이다. 반대로 세상에 있는 사람들이 흡연실을 통해 예배당에 오게 될 것이다.'

김 목사가 한국교회 처방전으로 자주 언급하는 키워드는 '선교적 교회'다. 그는 이렇게 당부하곤 한다. 교회의 시선은 항상 교회 바깥으로 향해야 한다고, 한국교회는 '세상 속의 교회'가 돼야 한다고]¹⁹

개신교에 젊은 세대가 점점 줄어들고 있다고 한다.

그것에 반하여 흡연인구는 점점 늘고 있다는 것이다. 개신교에 젊은 세대가 등을 돌리는 이유 가운데 하나가 흡연을 정죄하는 부분도 차지할 것이다.

흡연하는 것을 정죄함으로 복음을 막아서는 안 된다.

흡연자는 구원받지 못한다! 라고 할 수 없기 때문이다.

그럼 우리 자신에게 한번 물어야 한다!

하나님 나라를 위하여 우리가 하는 경건과 거룩한 일은 무엇인가?

정죄와 거룩한 척이 아닌 용서와 포용이라는 사랑이 아닐까? 라

---

19 [샛강에서] 교회마다 흡연실을 만들 순 없겠지만, 박지훈 2022-10-20

고 감히 말한다.

6) 자살?

자살은 구원받지 못하는 죄라는 전통? 같은 말은 어디에서 비롯된 것인가?

'가룟 유다의 스스로 목매어 죽은 사건'과 구약에 등장하는 '아히도벨[20]이 스스로 목매어 죽은 사건'을 너무 확대해석한 것은 아닐까? 생각이 든다.

요나는 스스로 죽기를 구하는 기도를 하기도 하였다는 것을 잊지 말라. 그럼에도 주님은 그를 하나님의 도구로 쓰셨다.

구약 에스겔서와 신명기, 레위기 등은 '스스로 죽은 것으로 영혼을 더럽히지 말고 먹지 말라'는 부정에 대한 경고를 스스로 죽은, 즉 자살을 죄로 규정 확대해석을 한 것이다.

구원받지 못할 죄를 규정한 성경 마가복음은 "누구든지 성령을 훼방하는 자는 사하심을 영원히 얻지 못하고 영원한 죄에 처하느니라"[21]고 분명히 가르치고 있다.

반면에 마태복음과 마가복음 3장 28절에서는 "사람의 모든 죄와 무릇 훼방하는 훼방은 사하심을 얻되" 라고 분명히 설명하고

---

20 다윗의 고문이고 모사였으나 다윗과 우리아의 사건으로 다윗을 미워하여 압살롬의 난에 자신의 계략 이 무시당하자 스스로 목숨을 끊은 구약 최초의 고의적 자살로 기록하고 있다.
21 마가복음 3:29

있다.

즉 모든 죄는 용서 받지만, 성령을 모독 또는 훼방하는 자는 용서받지 못함을 성경은 분명히 말씀하고 있다.

언제부터인지 교회와 교회의 관습으로 정치적 혹은 전통적으로 죄를 양산하고 치리(治理)하는 월권을 행하고 있는 것은 아닌가? 한다.

자살은 병이다! 아니다! 라는 논란은 지금도 계속되고 있다.

자살을 의학적으로는 우울증에 의한 결과물로 생각하는데, 그 요인이 너무나 복잡한 것이 사실이라는 것이다.

한 작가는 '자살은 가장 강렬한 삶에 대한 갈망'[22]이라고 표현을 하기도 하였다.

어쨌든 우리나라는 OECD 국가 중 자살률이 너무 높다는 것이다.

[그렇다면 왜 자살할까? 에 대한 이론으로 가장 유명한 것은 사회학자 뒤르켐(Emil Durkheim)의 이론이다.[23] 그는 자살에는 이기적(egoistic), 이타적(altruistic), 붕괴적(anomic) 자살이 있다고 말했다.]

'정신 의학과와 일반 의학과를 나누는 기준에 대하여, 일반 의학

---

22 이외수 작가
23 프랑스의 사회학자 에밀 뒤르켐(Emile Durkheim, 1858~1917)이 1897년에 출간한 『자살론』

과는 살려달라고 오는 것이고 정신과는 죽고 싶다! 라고 말한다.'
는 에피소드가 있다.

그럼 자살에 대한 교회의 역할은 무엇인가? 라는 생각을 한다.
자살을 죄악시하지 말아야 하는 것이 우선이다.
자살률은 나이가 어린 사람들이 더 높다고 한다.
젊은 사람들의 사망원인의 1위가 자살이라는 것이다.
어찌 보면 교회가 그 역할을 제대로 못 하고 있음을 말하는 것
같다.
그러면 교회가 자살을 죄악시하고 터부시하는 것을 빨리 바꾸도
록 해야 한다는 것이다.
**교회의 역할은 정죄가 아니라 오히려 마음이 상한 사람을 위로
하고 안아주는 일이다.**

7) 결혼 & 이혼

결혼은 축복이라고 말한다.
결혼은 어떻게 어떤 상대와 해야만 축복이라고 하는가? 라는 조
건이 있다면, 정말 서글픈 일이다.
결혼 그 자체가 축복인가? 라는 의심을 하게 된다.
축복을 받는 결혼은 어떤 결혼일까?

[20~30대 청년들이 결혼을 긍정적으로 보는 경향은 줄어든 반

면 동거에 대한 긍정적 인식은 늘어난 것으로 나타났습니다.통계청 발표를 보면 결혼에 대해 '반드시 해야 한다'거나 '하는 것이 좋다'고 응답한 비율은 30대 남성은 약 49%, 20대 남성은 약 42%로 집계됐습니다.같은 응답을 한 30대 여성은 약 32%, 20대 여성은 약 28%로 조사됐습니다. 반면 20~30대의 동거에 대한 긍정적 인식은 2015년 약 26%에서 2020년 약 41%로 증가했습니다.][24]

요즈음 결혼을 반드시 해야 한다는 인식이 절반도 되지 않음을 알 수 있다.

그 이유는 무엇인가? 물론 여러 가지 이유가 있겠지만, 자기중심적인 사고가 우선시되는 것을 부인할 수 없다. 물론 어느 시대에나 비혼주의자가 있었지만, 지금의 비혼은 사회적인 이슈이며 큰 문제로 대두되고 있다.

결혼이 축복이 아니라고 생각하는 것이다.

그리고 결혼했었어도 이혼을 그다지 어렵게 생각하지 않는 실정이다. 황혼이혼, 졸혼이라는 말도 생겼다.

그럼에도 아직도 이혼을 부정적인 시각으로 바라보고 심지어 교회 내에서는 이혼을 금지? 하는 것처럼 알고 있다는 것이다.

교회 내에서 이혼을 금지하는 이유로 이혼은 죄이며 저주인가? 라는 고민을 해야 할 때라고 생각한다.

---

24 2023년 12.15 kbs 뉴스 발췌

개신교에서 이혼을 어떻게 받아들여야 하는가? 하는 문제에 부딪혔다.

성경은 "하나님께서 짝지어주신 것을 사람이 나누지 못 할지니라"라고 기록하고 있고, 한국의 기독교도 이 말씀으로 이혼을 적극적으로 금지해 왔었다.

그런데 문제는 이혼하는 기독교인이 없을까? 라는 것이다.

여기에서 기독교인들은 이혼을 죄로 여기고 쉬쉬하며, 이혼의 상처를 정죄하기도 하는 일도 발생했고 심지어 교회를 옮기거나 아예 교회를 떠나는 사람도 있음이 사실이다.

이혼의 이유는 여러 가지이지만, 가장 큰 이유는 배우자의 부정, 그리고 가정을 돌보지 않는 것, 알코올 중독과 노름 등을 꼽을 수 있다.

배우자의 부정을 알고 있으면서 결혼 생활을 유지하는 것은, 참으로 어려운 것이다.

또한 노름과 알코올 중독으로 인한 피폐한 상황에서 참아내고 용서하며 결혼 생활을 유지할 수 있겠는가?

그러다가 자녀들이 결혼하거나 자립할 때까지 참았다가 드디어! 이혼하는 황혼이혼이 이런 유형이라고 생각한다.

이혼이 죄입니까?

그럼 이혼 후에 하는 재혼은 죄를 덮는 일인가?

기독교인 중에 이혼하고 교회를 떠나는 사람들이 의외로 많기 때문이다.

당신은 누구를 위하여 신앙생활을 하는가?

물론 자신을 위하여! 라고 말을 하지만, 주위의 눈치를 보며 신앙생활을 하는 사람이 의외로 많다고 생각한다.

왜 신앙생활을 하면서 눈치를 보고 있는가?

정작 우리가 눈치 보고 살펴야 할 대상은 하나님뿐이다.

그런데 우리는 신앙생활을 하면서 교회? 의 눈치, 목사의 눈치, 주위 사람들인 교회 내의 누군가의 눈치를 보고 있다. 교회는 눈치를 주는 곳이 아니다!

교회는 사랑을 주고 아픔을 안아주고 용서하며 소망을 주는 곳이다!

8) 순결과 음행?

혼전 순결을 강조하던 시대가 있었다.

그런데 이 시대는 혼전 순결이라는 말을 잘 하지도 않고 또 순결을 말하는 것이 참으로 어색? 하게 느껴지기도 한다.

순결은 무엇이고 음행은 무엇인가?

순결은 말 그대로 깨끗함, 아무도 더럽히지 않고 사용하지 않은 상태를 말한다. 즉 결혼하기 전까지 몸을 신랑 된 사람에게만 허락하려고 몸을 지키고 간직하겠다는 것이다.

또 다른 의미는 결혼 혹은 그러한 관계를 신랑에게만, 한 사람에게만 허락하고 지킨다는 의미도 있다.

여기에 마음까지 순결로 이어진다면 더할 수 없는 깨끗함이다.

반면 음행은 순결의 반대가 아닐까?

음행(淫行)을 사전에서는 '음란(淫亂)한 짓을 하는 행위'라고 기록하고 있다.

음란을 또한 음탕(淫蕩)이라고도 설명한다.

음행, 음란, 음탕은 다 같은 뜻이다. 즉 사람을 쓰러뜨리는 것이다.

음행은 바름을 삐뚤어지게, 음란은 어지럽히고 음탕은 쓰러뜨리는 것이다.

음행은 질서를 혼란스럽게 하는 것이다.

우리는 육의 순결뿐 아니라 영의 순결은 더 중요하다는 것을 잊지 말아야 한다.

하나님의 사람을 무너뜨림이 음행의 목표이다.

사단은 에덴동산에서 하와를 유혹하며 하나님의 말씀을 혼란스럽게 하였고 결국 아담과 하와가 에덴에서 쫓겨나는 비극을 초래하고 말았다.

영의 순결은 오직 하나님만을 섬기고 사랑하고 전하는 일이다. 물론 예수님의 말씀을 따라 하고 성령님과 교통하는 것이다.

간혹 신앙생활을 하면서 점(占)도 보러 가고, 이사하는 날짜 따지고, 부적도 붙이고, 그리고 제사도 지내는 것은 영적 순결을 범한 것이다.

육과 영의 순결은 깨끗함이고 지키는 것이다.

9) 투자와 투기?

주식 투자 또는 가상화폐 투자(?)가 죄일까?

금융의 문제는 어렵다!

기독교인들의 돈에 대한 인식은 부정적으로 생각하는 편이 더 높다고 말해도 과언이 아니다.

왜 기독교인들은 돈에 대해 부정적인 생각을 하며 쉬쉬하는 이유는 무엇일까?

또한 기독교인들은 청렴해야 한다고, 특히 기독교의 목회자는 더더욱 청렴하게 살기를 요구하고 바라고 있음을 부인하지 못한다.

필자는 예수 믿는 사람들도 돈을 많이 벌기를 바라고 높은 지위에 올랐으면 하는 바람이다. 그리고 정치적인 지도자로 사람들에게 영향력을 끼쳤으면 좋겠다! 라고 기도한다.

그 이유는 기독교인들이 돈도 많이 벌고, 높은 지위에 있고, 명예도 갖추었다면, 세상 사람들보다는 조금이라도 더 좋은 일에 돈을 사용하고 선한 일을 하지 않을까? 하는 생각이다.

그래서 어쨌든 투자와 투기를 구분하려고 한다.

투자는 긍정적인 생각이 먼저 든다면, 투기는 부정적인 생각이 드는 것이 사실이다.

그럼 투자[25]와 투기[26]의 기준은 무엇일까?

투자와 투기의 사전적 의미는 '투자는 거래 대상의 가치변화에 주목하는 것이며, 투기는 오로지 시세 차액에만 목적을 두는 것'으로 설명한다.

그러나 신앙의 눈으로 본다면, 투자는 함께 이익을 보는 것이라면 투기는 자신만이 이득을 취하는 것이다.

즉 신앙인은 투자는 해도 되지만 투기는 하지 말아야 한다는 것이다.

10) 제사! 전통인가 & 우상숭배인가?

제사가 전통인가? 아니면 우상숭배인가?

신앙생활을 하면서 제사 문제로 인하여 조상을 무시한다는 말을 들은 적은 있는가?

---

25 투자(投資, 독일어: Investition, 영어: investment, investing, 프랑스어: investissement)란 특정한   이득을 얻기 위하여 시간을 투입하거나, 자본을 제공하는 것을 말한다. 투자는 미래의 이익을 기대   하며 돈(때로는 시간과 같은 자원)을 할당하는 것이다.   금융 분야에서는 투자 이익을 수익이라고 한다. 수익은 배당, 이자, 임대 소득 등을 포함한 자본 이득(capital investment) 또는 투자 소득(investment income)으로 구성 될 수 있다.
26 투기(投機)는 사전적 의미로 시세 변동 같은 기회에 맞춰 투자나 매매를 하여 이익을 보려고 하는   것을 말한다. 즉, 간단하게 돈 쓰이는 목적이 시세 차익이면 무조건 투기이다.

신앙인들은 제사를 지내야 할까?

제사는 우상숭배라 하는데 지내지 말아야 할까?

이런 고민을 한 번쯤은 해 보았을 것이다.

먼저 제사의 시작이 어디부터인지 살펴보아야 한다.

제사는 생각보다 역사가 그리 오래되지 않았다는 것이다.

제사(祭祀)는 신이나 신령, 죽은 사람의 넋 등에게 제물을 바치는 의식을 말한다.

제사는 고대 종교의 신전 제사, 로마 가톨릭의 미사까지 일컫는 폭넓은 개념을 말하지만, 한국은 주로 조상제사의 의미로 쓰이고 있다.

다른 나라에도 제사에 해당하는 조상 추모 의식은 존재하지만, 우리나라에서 말하는 제사는 유교적 제례를 말한다.

유교식으로는 사대봉사(四代奉祀)라고 하여 제사하는 사람의 4대조까지의 제사를 지내는 것을 기본으로 하고 있다.

'제사의 기원은 고대 중국 상나라(은나라)의 왕 조갑이 직계 조상만 섬기는 조상신 풍습을 정치적인 목적으로 만들려고 시작한 것이다.

이를 조선이 유교를 통치 이념으로 삼으면서 제사를 종묘와 사직이라는 전통 아닌 전통을 만들었던 것이다.

그 결과 많은 이들이 제사가 우리나라의 고유 전통문화인 줄 알지만, 제사는 중국에서 시작되어 전해온 사대 문화라는 것을 알아

야 한다.'[27]

공자로 시작된 유교의 '현란한 수식어에도 불구하고 공자의 도덕은 정치를 위한 도덕이었고, 남성을 위한 도덕이었고, 어른을 위한 도덕이었고, 기득권자를 위한 도덕이었고 심지어 주검을 위한 도덕이었다'

이로 인한 피해는 창의력 말살과 혈연적 폐쇄성, 신분과 협잡의 당파를 만들어 내었음을 부인할 수 없는 것이다.

또한 근대화 시절에 '가정의례준칙'이라는 법률을 만들어서 제사를 지내야만 하는 듯한 인식을 심어주었고, 이것도 당시의 정치적인 통치 방법으로 이용되었음을 간과하지 말기를 바란다.

기독교의 기본 생각은 인류 평등이고 사랑이다.

분명히 말하는 것은 지금 한국 사회에 존재하는 제사 의식은 철저히 죽은 자를 위한 것이라는 것이다.

제사는 조상 숭배일 뿐 조상에 대한 존경과 효(孝)와는 아무런 관계가 없음을 알아야 한다.

가끔 장례를 집례하면서 '이것은 아닌데'라는 생각이 들 때가 있다.

평소에 자신의 부모에게 불효하고, 속칭 개망나니로 살았던 사람이 장례는 최고급으로 으리으리하게 치르는 것을 보곤 한다.

---

27 '공자가 죽어야 나라가 산다' (김경일 저, 바다출판사)에서 요약

살아 계실 때에 잘하지! 라는 생각이 먼저 드는 것이다.

그럼 왜 장례를 최고급으로 으리으리하게 치르는가?

그 이유는 장례 의식은 철저히 산 자를 위한 것이라는 것이다. 즉 남에게 보이기 위함이고 자기만족이다.

그럼 제사는 어떻게 하여야 할까?

제사는 귀신을 위하는 것이다!

조상이 혼령이 되어서 제삿날에 찾아온다는 거짓말에 속지 말기를 바란다.

그럼 제사를 피할 수 없다면!

죽은 자, 즉 신령(神靈)으로 표현되는 귀신을 위한 제사가 아닌 조상의 돌아가신 날에 자녀들이 함께 모여서 우애와 협력을 다지고 기념하는 날로 삼았으면 한다.

제사 의식이 아닌 형제자매와 친인척이 함께 모이는, 혹 기리고 기념해야 할 것이 있다면 그 추억을 함께 공유하는 시간이 되도록 하기를 제안한다.

사람이 모이는 곳과 시간은 당연히 음식이 있어야 하고 함께 먹고 마심으로 즐거움을 더할 수 있기에 음식은 정성껏 준비하거나 모이는 사람이 한 가지씩 준비해 오는 그런 방법은 어떨까 한다.

그럼 제사가 형식이 아닌 즐거움의 시간이 되리라고 감히 말한다.

제사는 유일신이신 하나님께만 드리는 것이다.

이러한 제사가 예수 그리스도의 단번의 십자가 죽음으로 우리의
모든 죄를 대신하신 사랑이 복음이다.

우리는 이제 제사가 아닌 감사로 예배를 드려야 한다!

2장

초신자와 방학(?) 중인
가나안 성도를 위하여

들어가는 말

교회 생활은 신앙생활의 시작이다.

문제는 신앙생활을 하는데 교회 생활이 오히려 신앙생활에 방해가 되고, 속칭 가나안 교인을 만들기도 한다는 것이다.

2017년 교세 통계에 따르면 청년층의 28%인 가나안 성도가 '2022년 통계에는 기독교인이 약 1천만, 가나안 성도를 약 200만~300만 정도로 예상한다.'라고 한다.

참으로 심각한 일이다.

인구절벽의 시대에 직면한 우리 한국교회는 성도의 수가 급감하는 현실이고, 신앙은 있는데 교회에 나가지 않고 있는 성도가 많다보니 교회가 점점 설 자리가 잃어가고 있는 것이 현실이다. 과연 교회라는 울타리 없이 신앙생활이 가능할까? 라는 질문을 던지지 않을 수 없다.

그럼 신앙은 있다고 하면서 교회 생활을 하지 않는 이유는 무엇일까?

그 이유는 여러 가지일 것이다.

먼저, 목사와 장로를 신뢰하지 않는다는 것과 성도 간의 다툼 등의 모습을 보면서 상처를 받아서, 교회의 이기주의와 편협함, 기업화된 교회에 대한 싫증, 자신의 믿음이 없어서 등등이 그 이유인 것이다.

'예수님은 믿는데 교회는 믿지 못 한다'라는 말을 심심치 않게 듣는다.

따라서 본서는 여러 이유로 교회 출석을 하지 않고 있는 오늘날의 성도들이 어떻게 하면 교회에 출석하여 신앙생활을 잘할 수 있도록 할 것인가를 길잡이 하는 안내서 역할을 하고자 한다.

순서는 중요의 차이가 아닌 분류상의 순서라는 것을 말한다.

이 글은 신학 서적이 아니다. 따라서 신학적인 논쟁은 피하고자 한다. 단 저자는 대한예수교 장로교 통합 교단에 속한 목사로서 목회적인 관점에서 이 책을 기록하였고, 한국장로교 출판사의 〈대한예수교장로회 총회 헌법〉과 〈예배 예식서〉를 참조하였음을 밝힌다.

끝으로 이 글이 가나안(교회 출석을 하지 않고 있는 성도) 교인과 초 신자, 기존 교인들과 직분 자들에게 좋은 길잡이가 되기를 소망한다. 또한 감수와 추천사로 격려해주신 존경하는 목사님들께 무한한 감사를 드린다. 미약하나마 이 책이 한국교회가 부흥 성장하는 데 작은 초석이 되기를 기도하고 기대한다.

1) 구원! 그것이 알고 싶다

교회에서는 사회에서 잘 사용하지 않는 용어를 독특하게 사용하고 있다.

이것이 교회에 첫발을 내디뎠을 때의 생소함과 함께 사람들을 당혹스럽게 만든다.

그중의 하나가 '구원'이라는 말이다.

구원? 사전적 의미로는, **'어려움이나 위험에 빠진 사람을 돕거나 구하여 줌'**으로 설명하는데, 이 의미는 오히려 구조라는 말이 더 어울릴 듯하다.

교회에서 사용하는 구원은 한마디로 **'인류를 고통과 죄악과 죽음에서 구하는 일'**이라는 의미로 설명할 수 있다.

구원이 말하는 의미는, '고통은 현실에서, 죄악은 과거와 현재를 합하여, 그리고 죽음에서는 미래'를 말하는 것으로 해석할 수 있다.

그런데 "꼭 교회를 다녀야만 구원을 받을 수 있나요?"라는 질문을 많이 받는다. 천주교, 불교, 이슬람교도 다 같은 종교이고, 또 도덕적으로 죄를 안 짓고, 선한 일을 하면 종교와 관계없이 다 구원 받지 않나요? 왜 목사님과 장로님, 교인들은 꼭 교회를 다녀야만 구원을 받는다고 하는지요? 그럼 기독교 외에 다른 종교에는 구원이 없나요? 라는 반항 섞인 질문을 해온다.

그러면서 교회는 폐쇄적인 곳 같다는 말과 함께 말이다.

구원을 설명하자면, 먼저 사람은 영과 혼과 육으로 되어 있다는 사실을 알아야 한다. "평강의 하나님이 친히 너희로 온전히 거룩하게 하시고 또 너희 온 영과 혼과 몸이 우리 주 예수 그리스도 강림하실 때에 흠 없게 보전되기를 원하노라"[1]고 성경은 기록하고 있다.

몸은 설명하지 않아도 되지만 영과 혼은 또 무엇이고 어떤 차이가 있는가?

사람이 짐승과 다른 점은, 짐승은 몸과 혼으로 되어 있지만, 사람은 몸과 혼과 영으로 되어있다는 것이다. 영은 하나님의 영, 즉 하나님이 생령을 불어 넣으셨다[2]는 것이다.

이는 사람에게는 죽음 이후의 시간이 존재한다는 것이고 반면에 짐승들의 혼은 죽음으로 소멸하여 한 줌 흙으로 사라질 뿐이라는 것이다.

물론 사후세계에 대한 검증은 과학적으로 설명할 수 없지만, 사후세계의 존재 유무와 관심은 많은 사람들이 가지고 있음은 부인할 수 없는 부분이다.

또 사후세계를 다른 말로는 영생이라고 말하기도 한다.

영생은 말 그대로 영원한 생명인데 구원받은 자들의 세상인 천국, 즉 하나님 나라에서 복된 생으로 사느냐? 아니면 구원받지 못

---

1 데살로니가전서 5:23
2 전도서 3:21 "인생들의 혼(영과 혼 히:루아흐)은 위로 올라가고 짐승의 혼(호흡)은 아래 곧 땅으로 내려가는 줄을 누가 알랴"

한, 저주받은 자들의 지옥에서의 생으로 사느냐? 하는 것이다.

그렇다면 천국 혹은 지옥을 만드신 분, 즉 창조주의 그 통치가 있음을 생각할 수밖에 없다.

우주가 지금의 과학이 말하는 빅뱅 이론[3]으로 생성되었다고 혹 믿는가?

그렇다면 죽음 뒤의 세상은 없다! 라고 말하는 것과 마찬가지이다. 그런데 천체의 움직임과 많은 행성의 운행이 그저 단순한 폭발과정에서 생성되었다고 하면 좀 우습지 않을까? 우주의 행성들이 혼돈 속에 있다면 지금도 수없는 폭발과 부딪힘으로 이 우주가 한시도 평온하지 않을 것이다. 그러나 우주는 정말 그 어떤 힘으로 한 치의 오차도 허락되지 않고 정밀(?)하게 운행되고 있음을 부인하지 못한다.

도대체 우주를 운행시키는 그 힘은 무엇이고 통치자는 누구일까?

사람은 죽어봐야 안다! 라는 헛된 말, 무책임한 말에 현혹되지 말기를 바란다. **사람의 죽음은 다시 돌아감의 시작, 죽음이 끝이 아니라는 것이다.**

구원은 그 죽음의 끝을 새로이 하나님나라에서 시작하는 것이다. 구원에 다른 길이, 여러 길이 있으면 좋을 것이라고 생각할 수

---

3 우주 대폭발로 지구 등이 만들어졌다는 이론

도 있겠지만 이 세상과 하나님나라를 섭리하시고 통치하시는 전능자는 오직 한 길만을 열어 놓으셨다.

그 길이 예수 그리스도의 십자가의 길이고 그 증거가 부활이다.

그렇다면 구원은 어떻게 얻을 수 있을까?

구원은 돈으로도 행위로도 지식으로도 얻을 수 없다. 그러나 구원의 문은 누구에게든지 열려 있다. **"누구든지 주의 이름을 부르는 자는 구원을 받으리라."**[4]

만약 돈으로 구원을 얻는다면 그 돈이 얼마쯤 되어야 할까?

구원은 하나님이 주시는 선물, 자격 없는 자도, 부족한 자도 모두 다 예수 그리스도를 믿는 믿음만으로 받을 수 있다.

교회를 다닌다고 구원을 얻는 것이 아니라 예수 그리스도를 믿는 믿음으로 구원을 얻는 것이다.

"사람이 마음으로 믿어 의에 이르고 입으로 시인하여 구원에 이르느니라."[5]

교회에 출석하는 것은 믿음을 잃지 않고 하나님을 아버지라 부르는 성도들과 함께 신앙생활을 함으로써 그 믿음이 성숙해지고 나아가서 그 믿음으로 예수가 그리스도임을 증거 하는 것이다.

---

4 로마서 10:13
5 로마서 10:10

2) 구원받았다고 하는데 확신이 없다!

교회 생활과 신앙생활의 차이점이 무엇이라고 생각하는가?

보통 그게 그것 아닙니까? 라고 되물을 수 있다. 그러나 분명히 교회 생활과 신앙생활은 차이가 있다.

교회 생활은 말 그대로 교회에 출석하고 교회에 속한 일원으로서 봉사도 하고 협력도 하고 예배와 헌금을 드리는 등등의 교회에서의 생활로 신앙과 삶의 접목이 잘 이루어지지 않음이라고 감히 말한다.

반면에 신앙생활은 하나님의 말씀을 믿음으로 구원받은 자가 교회 혹은 신앙공동체에서 기쁨과 감격으로 예배하고 헌금하고 봉사하고 협력하는 등의 신앙을 실천하며 살아가려고 애를 쓰는 생활을 말하는 것이다.

이 두 가지 생활에서의 차이점은 구원받은 확신이 있느냐, 없느냐? 그리고 구원의 은총으로 참 그리스도인이 되고자 하는 마음이 있느냐 없느냐의 차이다.

성경에 **"네가 만일 네 입으로 예수를 주로 시인하며 또 하나님께서 그를 죽은 자 가운데서 살리신 것을 네 마음에 믿으면 구원을 얻으리니, 사람이 마음으로 믿어 의에 이르고 입으로 시인하여 구원에 이르느니라."**[6]고 기록되어 있다. 이는 말씀을 마음으로 믿고

---

6 로마서 10:9~10

입으로 시인하면 구원을 받으므로 믿으라고만 한다. 즉 구원이 너무 쉬운 것이라고 생각하는 것이다.

"믿고 입으로 시인하면 구원을 받는다고 하는데 그저 믿으면 되나요?" "믿어지지 않고 구원받은 확신이 없는데 어찌합니까?"

그러나 한편으로는 그저 교회 생활만 잘하면 되지 꼭 '구원받았네! 어쩌네.' 하며 큰일 난 것처럼 호들갑을 떨고 싶지는 않다는 교인들도 있다는 것이다.

교회 생활을 하는 사람 중에는 복을 받기 위해서, 좋은 사람이 되고 싶어서, 기독교 집안이니까 어쩔 수 없이, 교회에 안 나가면 혹 벌을 받을지도 몰라서, 연애할 대상자를 만나기 위해서 등등의 이유가 있을지도 모른다. 이는 마치 교회 생활을 의무감에 의해 또 취미생활처럼 여기는 것은 아닐까?

'나는 예수를 진실로 믿는가?' 라고 자신에게 물어야 한다. 이 질문에 네! 라고 대답을 할 수 없다면 목사님, 전도사님, 장로님 혹은 믿음의 권속들에게 상담이 필요한 상태임을 인지하여야 한다.

"예수 믿습니까?" 라는 질문에 곧바로 "아멘!" 할 수 있으면 걱정할 필요가 없다.

구원의 확신은 신앙이 깊어지면 저절로 갖게 될 것이다.

그리고 내가 걱정한다고 없던 구원이 생기는 것도 아니고 있던 구원이 없어지는 것도 아니다. 때론 자기 자신이 어떤 이유로든 (

믿음이 없어졌는지 혹은 약해져서인지) 교회를 떠나 있으면, 즉 '가나안 교인'[7]이 되면, 다른 말로 타락했다는 생각이 들면 구원을 받았나 하는 의심(?)이 생긴다. 그런 사람들을 위하여 예수님은 잃은 아들을 되찾은 아버지의 마음을 탕자의 비유[8]를 들어 말씀하셨다.

예수님이 말씀하신 중요한 핵심은 둘째아들처럼 아버지께로 돌아오기만 하면 아들로 받아주신다는 것이다. 그래서 하나님을 용서와 사랑의 하나님이라고 말씀하는 것이다.

구원은 행위로 받는 것이 아니다!

구원은 내가 결정하는 것이 아님을 잊지 말아야 한다. 내가 걱정한다고 되는 것도 아니다! 어떤 죄를 지었을지라도 하나님 아버지께로 돌아오기만 하면 아들이라는 신분을 인정하시고 회복시키신다.

그러나 구원만을 받으려고 신앙생활을 하는 것인가? 라는 질문에 신앙생활은 그렇지 않다고 답할 수 있다.

열심을 내어 모범적으로 신앙생활을 한다고 해서 구원이 주어지는 것이 아니다. 마치 잃은 아들을 되찾은 '탕자의 비유'에 등장하는 맏아들 같은 모습이 그런 모습일지도 모른다. 맏아들은 탕자인 동생을 받아들인 아버지에게 분노하며 자신은 여러 해 아버지를 섬겼고 명을 어김이 없었다고 항변하였다.

---

7 안나가 교인을 거꾸로 부르는 말
8 누가복음 15:11~32

주님은 "죄인 한 사람이 회개하면 하늘에서는 회개할 것 없는 의인 아흔아홉으로 말미암아 기뻐하는 것보다 더하리라"[9] 라고 말씀하셨다. 그만큼 하나님 아버지께서는 죄인이 회개하고 돌아오면 잘잘못을 묻지 않으시고 기뻐하신다는 것이다.

그럼 구원받은 자의 모습은 어떠해야 할까?
구원받은 자의 특징은 먼저 변화에 있다.
성경은 **"내가 어렸을 때에는 말하는 것이 어린아이와 같고 깨닫는 것이 어린아이와 같고 생각하는 것이 어린아이와 같다가 장성한 사람이 되어서는 어린아이의 일을 버렸노라"**[10]고 말씀한다.

구원받은 사람은 먼저 죄를 무서워하고 자신이 죄인임을 깨닫기 시작한다. 이것이 구원받은 사람이라는 증거이다.

신앙생활을 한다고 해서, 주님의 은혜를 깨닫고 주님을 영접했다고 해서, 주님 앞에 죄를 회개하고, 세례를 받았다고 해서 당장 그 삶의 모습이 180도 바뀌지는 않지만 그래도 그전보다는 주님께 예배드리는 시간이 즐거워진다면 틀림없이 구원을 받은 사람의 모습인 것이다.

신앙생활을 하면서 예배가 기다려지고 있고, 이번 주일에는 하나님께서 나에게 무슨 말씀을 주실는지 기대가 되고 있다면 여러분은 구원받은 사람이다.

---

9 누가복음 15:7
10 고린도전서 13:11

그리고 자신의 삶을 돌아보게 된다. 즉 하나님의 말씀에 자신의 행동과 삶의 형태를 비추어본다. 그렇다면 구원받은 사람이다.

그래서 우리에게 신앙생활이 필요한 것이다.

신앙생활을 통해서 기도하게 되고 예배가 즐거움이 되고, 그리고 헌신하겠다는 감격이 있다면 분명 그 사람은 구원받은 하나님의 사람이다.

의심과 두려움은 사탄이 주는 것이다.

걱정 근심보다는 기도하는 편이 훨씬 유익할 것이다.

당신은 하나님 나라의 백성 삼기 위해 예수님이 이 땅에 오셨고 참혹한 십자가를 마다하지 않으셨고 장사 지낸 바 되신 후 부활하신 것이다.

요즈음의 직장인들은 사원 증(신분증, 이름표, 출입증)을 패용하고 있다.

이 사원 증은 이 사람이 회사에 부장인지 과장인지 사장인지 혹은 평사원인지의 직급을 나타내기도 한다. 이처럼 신분증, 주민등록증, 운전면허증처럼 라이선스가 구원받은 증거나 표식으로 확실하게 주어지면 얼마나 좋을까? 그러나 걱정할 필요가 없다.

구원받은 사람을 하나님은 절대로 잊지 않고 알고 계신다.

3) 기도는 어떻게 해야 하나요?

외국인들이 한국에서 생활하면서 이상하다고 생각하는 것이 있다고 한다.

그것은 혼잣말이다.

혼잣말은 형식이 없다. 그리고 혼잣말은 거짓이 없다.

기도를 혼잣말처럼 하면 된다.

즉 하나님께 하는 혼잣말은 형식이나 거짓이 필요 없다.

기도를 이렇게 하면 되는 것이다.

아주 친한 친구에게 말을 하는데 어떠한 형식을 갖추어서 말하지 않는 것처럼 말이다.

기도를 하려면 하나님과 먼저 친해져야 한다.

우리가 하나님과 친해지는 것이 신앙생활이다.

우리가 신앙생활을 하려면 기도 생활이 그 시작인 것이다.

기도 생활을 잘하시는 분이 신앙에서도 좋은 열매를 맺는다.

그러나 대부분의 신앙인들은 기도를 어렵게 생각하고 있다는 것이 사실이다.

기도가 쉽습니까? 아니면 어렵습니까?

기도를 잘한다는 것은 어떤 것일까? 기도를 잘한다는 것이 靑山流水(청산유수)라는 말이 무색할 정도로 그렇게 하는 것은 분명히 아니다.

보통 기도를 영의 호흡이라고 말한다.

즉 영이 살려면 기도해야 한다는 역설이다! 그럼 우리는 얼마만큼의 기도를 하고 있나?

그런데 왜 기도를 할까?

물론 간절한 소원이 있기에 기도를 한다. 그러나 그 간절한 소원도 주님과의 교통이 이루어져야 기도가 되는 것이다. 듣는 이가 없는 혼잣말은 독백이지 기도는 아니다!

기도를 잘한다는 것은 오랜 시간 기도하는 것만을 말하는 것이 아니다. 막힘이 없이 줄~~줄 나오는 그런 기도를 말하는 것도 아니다.

기도에는 양(量)도 있고 질(質)도 필요하다.

마치 물레방아의 물이 고이는 판에 물이 어느 정도 차야만 물레방아가 돌아가서 방아의 역할을 하는 것처럼 말이다.

기도에는 여러 종류가 있다.

묵상기도, 대표기도, 주기도, 통성기도, 합심기도, 방언기도, 축귀기도, 예언기도 그리고 관상기도 등. 어떤 기도가 더 좋다 할 수 없고 때와 상황에 맞는 기도 방법의 차이가 있을 뿐이다. 마치 칼에도 여러 종류의 칼이 있듯이 그 사용 용도와 쓰는 방법이 제각기 다르다는 것이다.

기도는 쌍방통행이 되어야 하는데 보통 우리들의 기도는 일방통행일 때가 더 많은 것 같다.

기도는 주님이 말씀하심을 듣고 내가 구하는 것에 주님이 응답하시는 기도가 최고라고 할 수 있다.

물론 이러한 문제는 언제 어떻게 듣고 언제 응답하시는가? 등의 질문이 있다.

어떤 질문과 의심이 있어도 기도해야만 한다.

우리의 영혼이 건강하게 살려면 꼭 기도가 필요하다.

공부하는 학생에게 어떻게 해야만 공부를 잘 할 수 있느냐고 물으면 대답은 한 가지, 공부할 때는 집중해서 하고 항상 공부하는 자리에 앉아 있으라는 것이다.

마찬가지로 기도에는 왕도가 없다.

누가 가르쳐준다고 되는 것이 아니다. 이론적으로야 얼마든지 가르쳐 주겠지만, 더 중요한 것은 본인 자신이 이렇게도 저렇게도 해봐야만 된다는 것이다. 어떤 측면에서는 기도도 훈련이 되어야만 한다고 할 수 있다.

여러분은 기도하는 자리가 있는가?

예수님도 일정한 자리를 찾아 정하시고 기도하셨다.

누구에게도 방해받지 않는 자리와 시간을 찾아야 한다. 한적한 곳일 수도 있고 혼잡한 공간일 수도 있고 어떤 분은 차를 운전하는 동안이 자신만의 기도 자리가 되기도 한다.

어쨌든 기도해야 신앙생활도 재미있고 힘도 나고 지치지 않는다.

기도를 잘하여야겠다고 생각하는 것 자체가 잘못된 것이다.

기도는 내가 하고 싶은, 내가 꼭 구하고 싶은 것을 가장 가까운 사람에게 말하듯이 하면 된다. 어떤 형식도 방법도 필요한 것이 아니다. 굳이 형식을 말하려면 주님의 기도, 즉 주기도문을 참조하면 된다.

정한수를 떠놓고 하는 것은 기도일까?

정한수는 정화수[11]의 잘못된 표기로 설명하지만 때로는 정안수(井安水)라고도 말하기도 한다. 어쨌든 정화수 기도는 가장 이른 새벽 시간에 물을 떠서 가정의 안녕과 자녀의 성공을 위하여 빌던 어머니의 기도 모습이다.

그런데 기도의 대상이 분명하지 않다는 것이다. 그럼 도대체 누구에게 빌었단 말인가? 기도의 대상이 분명하지 않고 그 누구든지 무엇이든지 자녀에게 이로우면 된다는 생각이 옳을까? 라는 생각이 든다. 즉 정화수를 떠놓고 비는 것은 기도가 아니다.

기도는 그 대상이 분명히 있어야 한다.

더군다나 지금 우리가 말하는 기도는 그 대상이 하나님이어야 한다. 기도의 대상은, 즉 간절한 소원이나 그 염원을 어떤 다른 대상이 아닌 오직 하나님이 받으시고 응답하셔야 한다.

기도는 하나님께 구하고 싶은 내용을 말하고 끝으로 예수님의 이름으로 기도합니다! 로 마치면 된다.

우리가 기도하면서 실수나 실패를 하는 것은 기도가 진실하지 않기 때문이다. 기도는 자신의 구함을 솔직하게, 그리고 진실하게 전하는 것이 더 중요하다. 또한 기도했으면 믿고 기다리는 믿음이 필요하다. 하나님이 우리가 한 기도의 내용을 여러 가지 형태로 응

---

11 정화수(井華水): 새벽에 길은 우물물. 자녀의 성공과 가정의 무탈함을 빌거나 약을 달이는 데 쓰는 물.

답하시는데 '그래! 안 돼! 기다려! 그리고 침묵!'으로 응답하신다.
그러니까 따발총처럼 자기 할 이야기만 하는 것이 아니라 하나님
이 뭐라 하시는지 하나님께 집중하고 하나님의 음성 듣기를 예민
하게 기다려야 한다.

나 혼자만의 기도가 아닌 조용히 주님의 음성을 기다리며 기대
하는 시간이 있어야 한다.

분명히 기도의 자리에서 기다리는 기도의 사람에게 반드시 주님
이 말씀하신다는 것을 잊지 말기를 바란다.

기도는 듣는 것에서 시작된다고 해도 과언이 아니다.

그리고 진짜 기도는 삶의 기도이다!

오스왈드 챔버스[12]는 **"우리는 기도밖에 할 수 있는 일이 없을 때
기도합니다. 하지만 예수님께서는 우리가 어떤 일을 하기 전에 기
도하기를 원하십니다."**라고 하였다.

기도는 호흡처럼 꾸준히 하는 것이다.

4) 기적은 존재하나요?

기적을 경험하신 분? 말로만 듣고 보지는 못했나요?

기적을 정의해본다면? 무엇이라고 할까?

기적은 자연의 법칙을 뛰어넘는 초자연적인 현상을 말하는데,

---

12 오스왈드 챔버스(영어: Oswald Chambers, 1874년 7월 24일 ~ 1917년 11월
15일)는 20세기 스코틀랜드 침례교회 목사이며 교사였다. 묵상집《주님은 나의 최
고봉, 부제: 최상의 주님께 나의 최선을 드립니다(My Utmost for His Highest)》의
저자이다.

하나님이 개입하셔서 초자연적인 선한 결과를 만들어 내는 것을 기적으로 설명한다.

그렇다면 기적을 경험하는 것은 놀라운 일이다.

왜 하나님이 기적을 통하여 우리 삶에 개입할까?

성경의 예를 들면 모세의 출애굽 사건이 가장 큰 기적이라고 할 수 있다. 피, 개구리, 이, 파리, 메뚜기, 어둠, 애굽 장자의 죽음, 그리고 죽음의 사자의 유월 사건, 홍해를 가르는 기적을 모세를 통하여 만들어 내셨다.

이런 기적의 이유는 간단하다.

애굽 치하의 이스라엘 백성들이 울부짖는 기도를 듣고 이스라엘을 구원하기 위함이다.

그래서 기적은 구원과 밀접한 관계가 있다.

동정녀로부터의 탄생, 십자가 사건, 그리로 부활! 이 모두가 기적이다. 이 모든 기적은 하나님의 권능을 나타내는 것으로 우리들의 구원과 관계가 있음을 알아야 한다.

그럼 우리의 삶에서의 기적은 무엇일까?

그것은 지금 우리가 믿음의 자리에 있는 것이다.

지금도 하나님은 우리를 위하여 일하고 계신다. 하나님의 인도하심으로 우리가 지금 여기에 있는 것이다.

이것이 첫 번째 기적이다.

그리고 두 번째의 기적은 자신의 인생에 기적은 없다고 생각하는 것이 기적이다.

기적은 누구에게나 일어날 수 있는 긍정적인 사건이기 때문이다.

즉 기적의 특징은 긍정적이라는 것이다. 왜냐하면 사탄의 장난은 기적이라고 말하지 않는다. 기적이라 말하는 사건은 대부분 회복, 치유 등의 긍정적인 사건이다.

사람의 손으로 할 수 없는 일들이 세상에는 너무나 많다. 또한 사람의 생각을 뛰어넘는 놀라운 일들이 얼마나 많은가?

우리가 예수 믿게 된 것과 구원을 받음이 기적이다.

내가 무엇을 한 것도 아니고 "주님 믿습니다!" 라고 고백한 것뿐인데 구원받은 하나님의 백성이라니! 이 얼마나 놀라운 기적인가? 예수 믿는다고 가까운 친구들에게도 놀림을 들으며 때론 조롱을 당해도 예수 믿는 것을 보면 기적이 맞고 또한 예수 믿는 사람들은 쉽게 무너지지 않는 것도 기적이다.

기독교의 역사를 보면 핍박을 받으면 받을수록 이단이 횡행하면 횡행할수록 결국 예수만이 구원자임을 확인하게 되는 역사를 우리는 잊지 말아야 한다.

우리도 기적의 주인공이 될 수 있고 현재도 기적의 주인공이다.

같은 사건과 환경 속에서도 하나님의 손길을 발견하는 사람이 있고 그 반대의 사람도 있다. 이러한 기적을 발견하는 힘과 지혜가 믿음이라는 하나님의 선물이다.

이스라엘이라는 이름을 얻은 야곱처럼 하나님이 주시는 선물을 받는 주인공이 되기를 기도하기를 바란다.

기적은 지금도 있고 앞으로도 있을 것이고 물론 이전에도 수많은 기적의 사건으로 이 땅의 피조물들이 존재하는 것이다.

나는 어떠한 기적을 만들기 원하고, 체험하고 싶은지를 물어보아야 한다. 혹 믿음을 보여주고 싶어서인가? 아니면 자신의 믿음이 흔들리기 때문인가?

소나기가 흠뻑 내린 땅은 그 흔적이 뚜렷하게 남는다. 그러나 조용히 내리는 보슬비는 흔적은 없지만 나무나 땅에는 그지없이 좋은 효과를 나타내게 된다.

기적을 체험하는 대부분의 경우는 상처가 깊고 고집불통인 때가 많음을 알아야 한다. 그 기적이 없이는 하나님께로 돌아설 수 없기 때문이다.

기적이 없어도 믿음을 가지고 사는 삶이 훨씬 복된 삶이다!

기적은 우리를 구원하시려는, 하나의 실제적인 사건이다.

5) 신앙이 필요한 이유는 무엇인가?

당신은 하나님을 믿나요? 라고 물으면 내 주먹을 믿는다! 라고 말하는 사람들이 있다. '내 주먹을 믿는다.' 라는 말은 내 힘, 내 돈, 내 권력, 내 인맥 외에 다른 것은 믿지 않으며 교회, 종교가 필요 없다! 는 말이다.

교회가 왜 필요할까? 필요하지 않다면 그 이유는 무엇일까?

사람은 종교성을 갖고 태어난다고 한다.

사람만이 피조물 가운데 유일하게 있는 것이 종교성이라고 하는데, 종교성이란 절대자를 찾아 경배하는 행위와 마음으로 사람의 역사는 종교의 역사라고 해도 과언이 아니다.

지금도 화약고처럼 언제 터질지 모르는 이스라엘과 이슬람권인 중동과의 갈등, 이슬람권에 의한 세계를 향한 테러와 적대적 전쟁은 엄밀히 말하면 종교 때문이다. 이슬람 내에서도 시아파와 수니파 간의 갈등은 폭력과 함께 전쟁을 불사하는 모습을 우리는 너무나 잘 알고 있다.

이슬람이라는 종교는 기독교의 역사 속에서 하나님께 선택받지 못한 사람들, 즉 버림받은 사람들이 만든 종교라고 할 수 있는데, 오히려 그렇게 세워진 이슬람이 전 세계를 휩쓸고 있음을 부인할 수가 없다. 또한 막대한 자본으로 각 나라에 접근하는데, 물질의 힘 앞에 그들의 문화를 존중한다면서 '할랄'이라는 음식문화로 그들과의 상업적인 연대를 갖추려고 애를 쓰고 있다. 이슬람권은 자본력을 앞세워서 그들의 종교를 조금씩 전파하면서 타 종교인들의 마음을 사로잡더니 어느새 세계 최대의 교세를 자랑하게 되었다.

그런 악한 세상의 흐름에 편승하여 아름다운 무지개 색상을 심

볼[13]로 만들고 게이[14], 레즈비언[15], 트랜스젠더[16], 양성애자, 소수성
애자들의 성적 지향성을 인정하는 것이 인권이라는 그럴듯한 논
리도 인정되고 이미 여러 나라에서 동성애를 합법적으로 승인하
는 실정이다. 에이즈, 즉 면역결핍증이라는 불치의 병마저도 부인
하고 있다. 소수성애자들이 마치 종교처럼 여겨지는 실정이다. 이
를 받아들이고 인정해야만 깨어 있는 사람인 양 포장되기도 한다.

종교란 무엇일까?
단지 신을 믿는 것을 종교라고 할까?

종교란 진리를 찾는 방법이다.
그 진리를 찾는 과정에서 그 종교의 진리를 체득하는 것을 믿
음이라고 하고 거의 모든 종교에서 기도라는 형식을 통하여 신과
교통함으로 진리를 깨닫게 된다! 혹은 구원을 받는다! 라고 한다.
종교의 종류도 여러 가지로 기독교라 불리는 개신교, 개신교와
같은 하나님을 믿는다는 로마 가톨릭(하느님으로 부름), 아시아에
서 가장 많은 교세의 불교(물론 그 종파가 셀 수 없이 많다), 중동
아랍권을 기반으로 하는 이슬람, 그 외 기독교에서 파생된 수많은
종파와 이단들, 그리고 각 나라와 지역에 상존하는 토템이즘과 무

---

13 symbol 이라고도 로고(logo) 라고도 함
14 남자와 남자의 성적 관계
15 여자와 여자의 성적 관계
16 성(性) 전환수술을 통하여 성을 바꾼 사람

속신앙 등. 어떻게 이렇게 많은 종교가 세상에 버젓이 존재할 수 있을까? 라는 생각이 든다.

사람과 종교는 떼려야 뗄 수 없는 관계인 것은 사실이다.

이렇듯 많은 종교 중에서 어떤 종교를 선택할까? 라는 사람들의 고민도 만만치 않다. 또 자신이 믿는 종교만이 옳다고 말하는 것을 주저하지 않는다.

기독교는 예수 그리스도를 메시아로 믿고, 예수님을 믿는 사람들이 모이는 곳이 교회이다.

물론 불교에서는 절, 사찰, 선방 등의 용어를 사용하고 로마 가톨릭도 교회라는 용어와 함께 성당이라는 말을 사용하기도 한다. 그 외 다른 종교들이, 대부분 기독교 이단들이 가장 많이 가져다 사용하는 말이 교회이다. 때론 개신교에서 부르는 교회라는 말을 다른 단어나 용어로 바꾸어야 하나? 하는 생각이 들 정도이다.

그렇다! 앞에서 종교는 사람들에게 꼭 필요하다! 라고 서술했고 교회 또한 사람들이 살아 있는 한 꼭 필요한 곳이다.

그럼 먼저 교회가 필요하지 않은 이유를 누가 속 시원히 설명해 주었으면 한다. 종교는 사람들만이 갖는 유일한 특성이며 종교가 필요 없다고 말하는 것은 '나는 사람이 아닙니다!' 라고 말하는 것이라는 생각이 든다.

교회의 필요에 대하여 설명하고 기독교를 한마디로 말한다면!

기독교는 삶이다!

　이 땅에서의 삶과 하늘나라의 삶을 이어주는 통로가 교회이다. 더 정확히 말하면 교회는 예수님의 십자가와 부활을 믿는 이들의 공동체요 장소이다.

　이 세상 모든 것에는 처음 만들어진 동인(動因)[17]이 있다.

　이 세상의 모든 물질과 피조물 중 스스로 만들어진 것은 아무것도 없다. 즉 모든 피조물의 세계는 그 주인이 있다! 는 것으로 인정하지 않아도, 그 주인이 있는 것은 분명하다.

　과학자들이 실험하였다.

　[평방 $1m^3$ 되는 정육면체를 만들어 진공상태를 유지했더니 아무리 시간이 흘러도 그 정육면체 안에는 아무것도 존재하지 않는 무(無) 상태였다!]

　사람들은 착각한다. 내 눈에 안 보인다고, 내 귀에 안 들린다고, 내 손에 만져지지 않으면 없다! 라고 생각하지만, 무수히 많은 물질과 생명체가 존재함을 우리는 알고 있다.

　이 세상이 저절로, 빅뱅? 이라는 우주의 충돌로 만들어졌다! 라고 일부 과학자들은 우리가 숨 쉬고 사는 이 세상을 이야기한다.

　과학이란 실험하고 관찰한 그 결과로 증명하는 것이다.

　사람의 시조가 유인원으로부터 진화했다고 주장하는 과학자들은 몇 가지밖에 안 되는 뼛조각을 가지고 증명한다고 하니 과학

---

17 모든 움직임에는 그 시작이 있다! 라는 철학용어

이 무슨 종교도 아니고 어떻게 인류를 관찰했는지를 묻고 싶다. 과학이 유추! 라는 단어를 사용해 가면서 말이다. 말 그대로 유추하는 것뿐이다.

어쨌든 이 세상은 분명 만든 주인이 있다.

그 주인을 우리는 하나님(GOD)이라 하고, 그 외의 종교들에서는 자신들이 믿는 신(gods)이라고 표기한다.

기독교는 그 하나님(GOD)을 믿고 따르고 예배하는 종교이고 그 공동체가 바로 교회이다.

그럼 우리에게 신앙이 필요한 이유는?

"누군가 망상에 시달리면 정신 이상이라고 한다. 그러나 다수가 망상에 시달리면 종교라고 한다."[18] 라고 작가는 말한다.

이렇게 숱한 무신론자와 불가지론자들의 공격에도 종교는 원시시대부터 번성해왔고 그 역사는 부인할 수 없는 사실이다.

종교가 번성한 이유? 는 일반적으로 사람은 행복하기를 소망하고, 종교를 통해서 자신의 소망을 이루고 싶은 강한 열망이 신앙심으로 나타나는 것이라고 한다.

과연 종교를 가진 사람이 행복할까? 종교를 갖지 않은 사람이 더 행복할까?

---

18 리처드 도킨스 : [이기적 유전자], [만들어진 신]의 작가

어떤 사람들은 맹목적? 거부감 없이 신을 믿는데, 어떤 사람들은 왜 본능적으로 신을 거부할까? 라는 질문을 하게 된다.

'신앙 있는 사람이 병에 잘 걸리지 않고 혹 걸려도 잘 치료된다. 종교가 있다는 것은 마치 어린아이가 낯선 동네에 갈 때 든든한 아버지와 함께 가는 것과 같다'[19]고 전남대 이무석 교수는 말한다.

든든한 보호자가 있느냐 없느냐? 신앙 활동이 삶의 행복에 어떤 영향을 끼치나? 즉 종교의 유무와 행복은 어떤 상관관계가 있나? 라는 질문에 그는 '신앙 있는 사람들은 행복하다. 깡패가 나타나도 아이는 두렵지 않다. 인생은 낯선 동네와 같다. 그 동네에는 깡패도 많다. 실패와 좌절, 절망과 억울함, 그리고 질병 등이다.'[20] 라고 말한다.

사람의 가장 첫 불안은 '죽음에 대한 불안'이라고 한다.

이는 죽음 뒤에 어떻게 될지 모르기 때문이다. 그렇지만 신앙을 가진, 기독교를 믿는 사람들에게 죽음은 새로운 삶의 시작이라고 교회는 가르치고 있다.

의사와 간호사들은 죽어가는 환자를 많이 본다고 한다.

그런데 어떤 환자는 두려워하며 죽지 않으려고 발악을 하며 공포에 질려 죽어가는 분들도 있는가 하면, 신앙을 가진 환자들은 오히려 다른 사람들을 위로하기도 하고 자신의 주변을 정리하고 죽

---

19 독실한 기독교인으로 많은 칼럼과 강연을 통해 종교적 삶을 간증한 이무석 전 전남대 의대 교수
20 위의 사람

음을 맞이하는 것을 보곤 하는데 신앙이 있는 사람과 신앙이 없는 사람의 큰 차이라 말할 수 있다! 라고 말한다. 때론 이런 모습을 보고 신앙을 갖게 된 의사도 있다.

신앙이 있건 없건, 누구나 병에 걸릴 수 있고 인생의 시련을 겪는 고통과 어려움 속에서 종교를 찾게 되는 경우들이 더 많다.

종교[21] 즉 기독교의 하나님을 사랑의 신으로 생각하는 사람도 있고, 처벌과 응징의 신으로 생각하는 사람도 있는데 이유는 자신이 경험했던 부모와 연결되어 있다고 한다.

그럼 부모를 불신하는 사람은 신도 불신하기 때문에 신앙을 갖기 어려운가? 라는 말인가? 보통 그렇다. 어떤 사람들은 '하나님' 얘기만 나오면 화를 내거나 혐오감을 나타낸다. 이런 부정적 반응은 무의식적으로 하나님을 내면의 부모로 착각하고 있기 때문으로 하나님을 '혐오스러운 부모'로 착각하는 것이다. 어렸을 적 부모와의 관계에서 사랑받지 못하면서 부모는 무서운 존재로 각인이 되었고 자존감은 약해질 수밖에 없기 때문이다. 물론 일반화시킬 수는 없다, 그 반대의 경우도 있는데 이를 기독교에서는 신학적인 용어로 **'예정'**[22]이라고 말한다.

기독교에선 예수를 영접하면 하나님의 자녀가 되고, 사람을 하나님의 형상대로 만들어진 귀한 존재라고 말씀한다. 자존감이 낮은 사람에게는 매우 매력적이고 힐링이 되는 말씀이기도 하다. 하

---

21 기독교를 대표적으로 언급함
22 구원자로 미리 하나님이 계획하셨다는 칼뱅의 신학사상

지만 종교로 낮은 자존감을 보상받으려다 반작용으로 이단 사이비 종파에 빠지기도 한다. 사이비 종교에 빠지는 심리적 이유는 사이비 교주를 이상적인 인물로 착각하고 지속적인 교육으로 세뇌당하기도 하고 심지어는 착취와 폭력으로 자신을 포기하는 경우들도 많다! 고 한다.

사람은 혼자 살지 못하고 주위의 사람들과 환경에 많은 영향을 받기도 하고 주기도 한다. 2019년 3월 시작된 코로나19로 대한민국만 아니라 전 세계가 큰 환난을 겪고 있다. 그로 인하여 나라가 너무나 어수선하고 경제도 민심도 우왕좌왕하고 있다.

우리는 정신을 똑바로 차려야 한다.
문제는 환난이 닥치면 어떻게 해야 할까? 하는 것이다.
슬럼프가 오면, 환난이 닥치면 다른 무엇을 하는 것이 아니다.
그 일을 처음 할 때처럼, 처음처럼 하는 것이다.
기본으로 돌아가야 한다.
신앙의 처음이 되는 기본은 무엇인가?
"거룩한 산 제물(living sacrifices)!로 드리라 이는 너희가 드릴 영적 예배(your spiritual act of worship)니라"[23]
신앙의 시작은 영적 예배[24]**이다.**
영적 예배는 하나님이 기뻐하시는 거룩한 산 제물(살아있는 속

---

23 로마서 12:1
24 경배의 영적인 행동

죄 제사)을 몸으로 드리는 것이다.

그럼 정말로 하나님이 기뻐하시고 원하시는 것이 살아있는 속죄 제사, 즉 예배이고 우리의 몸인가? 아니다. 거룩한 산 제물(살아 있는 속죄 제사)은 아브라함이 모리아 산에서 드린 순종의 제사이다. 즉 아브라함이 가장 아끼고 귀히 여기는 아들인 이삭을 산 제물로 드리라고 하신 하나님의 말씀에 어떤 이유나 지체함이나 불평 없이 즉시 순종하였다.

신앙은 순종이다!

분별력이 곧 지혜인데 요즈음처럼 가짜 뉴스가 판을 친 시대가 있었을까 할 정도로 혼란스러운 세상이다. 정신을 똑바로 차리지 않으면 속아 넘어가기 쉽다.

우리의 삶이 예측 불허한 고통의 지뢰밭이기 때문이다. 이런 세상에서 지혜롭게 살아가려면 우리는 분별력을 가져야 한다.

그럼 어찌해야 분별력을 갖게 될까?

먼저 **"이 세대를 본받지 말라"**[25]고 성경은 말씀한다. 그리고는 **"마음을 새롭게 하라"**[26], 즉 지금껏 행했던 구태의 모습이 아닌 새로운 모습! 즉 신앙의 새로운 모습을 말하는 것이다. 그전처럼 기도하지 말고, 그전처럼 예배하지 말고, 그전처럼 헌신하지 말고, 그전처럼 변화 없는 형식에 얽매이지 말고 오직 마음을 성령이 주장하시도록 하는 것이다. 작은 일이라도 기도하면서 성령의 가르

---

25 로마서 12:2
26 위의 말씀

침에 순종하는 것이다. 내 경험과 내 지식과 내 힘이 아닌 철저한 하나님의 방법으로 행하는 것이다.

하나님의 뜻과 사탄 마귀의 뜻을 분별하는 것은 그리 어렵지 않다.

선하고 살리고 세우고 합하고 기쁘고 자랑스럽고 정직하고 투명의 긍정이 하나님의 뜻이라면 악하고 찜찜하고 죽이고 넘어지게 하고 부끄럽고 칙칙하고 불평하고 욕하고 숨기고 부정적이라면 사탄 마귀의 계략이다.

한마디로 신앙생활은 분별의 삶이다.

욕심이 있지만 믿음의 분량대로, 분수대로, 할 수 있는 만큼만, 하나씩 생각하며 행하는 것이다. 할 수 없는 일을 하려고 욕심을 내면 그때부터 문제가 생기기 시작하는데 마치 물 흐르듯이 순리적으로 행하는 것이 필요하다. 물길을 아무리 돌려놓으려 해도 스스로 자신의 길을 만들고 흘러감을 우리는 너무나 잘 알고 있다.

신앙생활은 흡사 마라톤 경기와도 같다.

쉬지 말아야 하지만 반드시 그 끝이 있고 그 끝은 우리의 몫이 아니라 우리의 인생의 길이를 정하신 하나님의 몫이라는 것이다.

신앙생활은 습관으로 정체하는 것이 아닌 매일 조금씩 변화하는 것이다. 그러한 변화를 본인은 몰라도 하나님은 아신다.

지금 우리가 해야 할 일은 기본으로 돌아가 다시 시작하는 것

이다.

순종하면서 하나님의 뜻을 다시 새롭게 깨닫고 내가 해야 할 일을 순순히 감당하며 '주님! 이 혼돈의 시대에 내가 할 일이 무엇입니까?' 라고 기도해야 한다.

오늘 하루도 감사하며 살아가는 이유는 나를 향한 하나님의 계획이 있기 때문이다.

이것이 신앙이 필요한 이유이다. (로마서 12:1~13 중심으로)

6) 방언

용어부터 살펴보면 방언[27]이라는 말은 말 그대로 사투리이다.

성경에 기록된 방언의 첫 시작은 바벨탑[28] 사건이다.

그리고 초기 사도 시대에서부터 본격적으로 방언이 사용되었는데 각 사람의 난 곳의 방언으로 말하고 듣게 되었고 때론 방언하는 사람들을 새 술에 취하였다! 라고 조롱하듯 말하기도 하였다.

방언이 무엇일까?

방언은 위에서 언급했듯이 방언이라는 용어보다는 영언[29]이라는 말이 맞지 않을까? 한다.

---

27 방언'(方言)은 헬라어로 글로싸($\gamma\lambda\omega\sigma\sigma\alpha$)로서 '말' '언어' '발언'의 뜻으로 여러 가지의 방언이 있는데, 외국어 방언, 새 방언, 알아듣지 못하는 방언, 그리고 하나님이 주신, 사탄이 준, 자기로부터 온(학습방언) 방언 이 있다.

28 창세기 11:1~9에 기록되어 있으며, 온 땅의 언어가 하나일 때 사람들이 시날 평지에 성읍과 탑을 쌓아 그 탑 꼭대기를 하늘에 닿게 하려고 건설하던 중 하나님이 온 땅의 언어를 혼잡하게 하셨던 사건

29 靈의 言語 라고 표현해야 한다고 생각

필자의 경험담을 피력한다.

P 교회에서 재직할 당시에 같은 교구 일을 하던 동역자 여전도 사님이 계셨는데 그 여전도사님이 기도를 방언으로 하시는데 여간 듣기 싫은 것이 아니었다. 방언이라고 하는 말이 '감마 가오리 감마 가오리'라고 하는 것이다. 무슨 방언이 저래! 하고 방언이 아니라고 생각하고 있는데 마침 여러 사람들도 시끄럽고 마치 개구리 우는 소리 같다고 하며 다른 사람들 기도하는데 피해가 되니 좀 자제를 하라고까지 하였다.

그러다 필리핀 오지 마을 선교지를 탐방하게 되었는데 그곳에서 원주민들이 말을 하는데 '감마 가오리'라는 단어를 듣게 된 것이다. 저는 그 자리에서 얼어붙어 버린 것 같았다. 당연히 회개했고 돌아와서는 죄송하다는 말씀을 드렸던 기억이 있다.

일부 교단에서는 방언을 못 하면 은혜를 받지 못한다고까지 한다.

그래서 방언을 받기? 위해서 훈련을 시킨다고도 하는데 그러한 훈련 중에 혀가 꼬부라지듯이 발음이 되고 알아듣지 못할 소리를 내게 되는 경우들이 있는데 이를 방언이라고, 방언의 은혜를 받았다 한다. 이것이 방언인가? 라고 묻고 싶다.

방언도 훈련하면 받을 수 있다는 것인가? 라는 질문을 먼저 하게 된다.

방언은 성령님의 은총[30]이다.

지금도 한국의 존경받는 목사님으로 돌아가신 故 한경직 목사님을, 거의 모든 기독교인은 이견 없이 한국교회의 큰 어른이셨다! 라고 말하는데 한 목사님은 방언을 하지 않았던 대표적인 목사님이셨다. 그렇다면 한 목사님은 성령의 은총을 받지 못한 분입니까? 라고 묻고 싶다.

방언으로 말함은 분명한 목적이 있어야 한다.

자랑거리로 우쭐대려고 하는 것도 아니고 또한 사용해야 할 때와 장소가 있음을 잊지 말아야 한다.

"방언을 말하는 자는 사람에게 하지 아니하고 하나님께 하나니 이는 알아듣는 자가 없고 영으로 비밀을 말함이라."[31] "방언을 말하는 자는 자기의 덕을 세우고"[32], "방언은 믿는 자들을 위하지 아니하고 믿지 아니하는 자들을 위하는 표적"[33]으로 "…방언 말하기를 금하지 말라, 모든 것을 품위 있게 하고 질서 있게 하라"[34]고 사도 바울은 고린도 교회 성도들에게 가르쳤다.

방언을 어떤 목적으로 사용하고 있는가?

혹시 과시용? 은 아닐 거라고 생각한다.

방언은 성령님이 주신 하나님과의 은밀한 대화를 더 깊게 하기

---

30 특별한 은혜의 사랑
31 고린도전서 14:2
32 고린도전서 14:4
33 고린도전서 14:22
34 고린도전서 14:39~49

위한 사랑의 도구이고 방언은 믿지 않는 자들을 위한 표적의 은사라는 것이다.

방언으로 기도하는 것을 자랑할 것도, 방언하지 못한다고 낙담할 필요도 없다.

방언은 하나님 말씀에 대한 순종이고 복음이다.

7) 교회는! 왜 개인 정보에 대하여 꼬치꼬치 물어요?

'익명성'은 현대 사회의 특징이라고 말한다.

개인 정보 보호라는 명목은 현대인들의 사생활? 을 보장해야 한다는 인권적인 차원이기도 하다. 몇 시에 일어나든지 자든지, 어디를 가든지, 무엇을 먹든지 누구와 함께 있든지 등등 비밀을 보장해주어야 함을 원칙으로 하고 있다.

그런데 교회에 나가면 왜 그렇게 개인 신상에 대하여 꼬치꼬치 캐묻는지 모르겠다고 말한다. 부담스럽거나 알리고 싶지 않은 것도 있는데 말이다. 말은 '기도해 주겠다.'고 하는데 진짜 기도를 하는지 안 하는지는 모르지만 좀 개인 신상에 대하여서 안 물었으면 좋겠다고 하는 사람들이 의외로 많다. 그리고 심방[35]이라는 것을 꼭 해야 합니까? 라고 하는 분들도 많다.

이런 이유로 교회에 출석은 하는데 등록[36]하지 않고 교회에 출

---

35 심방(尋訪):가정을 찾아가서 만나고 가정에서 축복 등을 기원하는 예배
36 어떤 단체나 기관에 회원 자격으로 가입하는 것처럼 교회 공동체에 교인으로 가입을 하는 절차

석하는 분들도 많다.

서구사회에서 크리스천[37]이라는 사람들의 문화는 이미 심방과 구역, 직분 등의 제도 자체가 없어졌다고 하는데 유독 한국에서의 기독교는 마치 어떤 조직처럼 구역을 만들고 구역장, 집사, 권사, 장로 등의 평신도 직분 자들이 의의로 많다는 것이다. 이러한 조직과 제도가 부흥의 바탕이 된 것도 부인할 수 없다. 때론 이들 직분 자들은 계급처럼 위세를 떨기도 하고 행세를 하는 것을 보기도 한다. 이런 경우에 실망감을 느낀다고 한다.

그러면서 지금이 어떤 시대인데 신상 정보, 심방, 구역조직, 직분 등이 신앙생활에 꼭 필요합니까? 라고 질문을 한다.

필자가 어렸을 때, 그때는 초등학교가 아닌 국민학교로 불리던 시절이다.

학교의 담임선생님이 학생들 각 가정을 일일이 방문하였던 적이 있었다. 그리고 학년 초가 되면 '가정 형편 조사서'라는 것을 기록해서 제출했던 기억이 있다. 왜 그것을 해야 하는지 묻지도 않았고 학교에서 선생님이 적어서 제출하라고 하면 그렇게 하는 것이 당연한 것으로 알았다. 그런데 그 조사서에는 별의별 개인 정보가 다 들어가 있는 것이다. 부모의 주택 소유관계[38], 학력, 재산 관계[39]까

---

37 우리가 생각하는 의미의 기독교인이 아닌 내 마음속에 갖고 있는 종교심, 즉 예수 그리스도를 믿는다는 표현으로 크리스천이라고 하지만 신앙생활과 교회에 출석하는 것과는 별개라고 생각
38 거주지에 대한 조사로 자가, 전세, 월세 등등을 기록
39 동산 및 부동산과 월 수익까지, 심지어 직장과 직급까지 기록

지, 자가용 유무, 심지어 종교도 적어야 했다. 지금으로서는 말도 되지 않는 일이 그 당시에는 아무렇지도 않게 실시되고 또 그렇게 해야만 하는 줄 알았다. 또한 담임선생님이 가정방문을 온다고 하면 집 안을 청소하고 맛있는 식사도 준비하고 수고하신다고 봉투에 격려금?[40]도 드리는 것을 예사롭지 않게 생각했다.

혹시 교회에서 지금도 실시하고 있는 심방이라는 제도가 마치 '국민학교'라 불리던 시절의 가정방문과 같은 의미인가? 라는 질문에 대답은 그렇다! 그리고 아니다! 라고 해야만 한다. 아니 그렇게 애매한 대답이 어디 있냐고 항변할지 몰라도 그럴 수밖에 없는 이유를 설명한다.

먼저 그렇다! 에 대한 답변은 각 가정을 찾아가는 것은 같다.

담임목사가 혹은 교구 담당 목사가 또 어떤 교회는 장로 혹은 구역장이 찾아가기도 하지만 가정을 방문하는 가장 큰 이유는 그분의 환경을 알고자 하는 것이다. 어떤 형편과 상황에 있는지, 혹시 신앙생활의 걸림돌은 없는지, 건강 상태와 가족 구성원들은 신앙생활을 하는지 앞으로 신앙생활을 어떤 방법으로 인도해야 할지를 가정방문, 즉 심방을 통해서 알려고 하는 것이다. 때로는 이 과정에서 음식 대접과 수고하신다! 고 하는 답례가 종종 말썽이 되기도 한다.

---

40 지금으로 보면 일종의 뇌물? 의 성격으로 담임선생에게 아이를 잘 부탁한다는 의미라고 여겨짐

아니다! 에 대하여 답변을 한다.

심방은 말 그대로 가정을 방문하여 그 가정의 식구들을 만나는 것은 맞지만 심방을 하는 주체가 담임목사와 교구 담당 목사라면 그들은 개인의 자격이 아니라는 것이다. 심방을 받는 가정도 때로는 집 안을 청소하고 심지어 도배와 장판을 새롭게 바꾸는 가정도 있었다. 그렇게 하는 이유는 사람이 아니라 예수님의 사자[41]가 대신하여 가정을 방문한다는 의미이고 가정에서 드리는 축복의 예배나 혹은 축귀[42], 치유[43], 문제해결, 회의와 의심과 믿음이 적은 분들에 대한 권고, 결석자에 대한 문제 파악 등으로 때로는 결혼식장, 돌잔치 및 집안의 잔치, 직장, 병상, 장례식장으로 방문하기도 한다.

심방을 받은 가정과 심방을 하지 않은 가정을 위한 기도가 조금 다르다는 것이다.

즉 심방을 한 가정은 기도의 깊이가 있는 반면에 심방을 하지 않은 가정을 위한 기도는 마치 수박 겉핥기식의 기도가 될 때가 있다. 물론 최선을 다하여 기도를 하지만 그분이 처한 현재 상황에 대하여 정확히 모르기 때문에 구체적이고 실질적인 기도를 하기가 어려울 수밖에 없다.

이제 선택은 신앙생활을 하는 여러분 자신의 몫이다.

---

41 구약에서는 천사 혹은 使者 라는 의미로 예수님의 대리인의 역할
42 귀신을 쫓는 예배와 기도로 예수님께서 행하셨던 일
43 治癒 :병고침

지금의 신앙생활은 심방을 강제적으로, 교회 등록을 강압적으로 하지 않는다. 본인의 의견을 존중하기에 그 선택은 당연히 자신이 결정해야 할 것이다.

8) 은혜와 은사는 무엇인가요?

교회에 가면 못 알아들을 용어들이 많다.

아마도 교회에서 가장 많이 사용하는 단어의 순위를 매겨보면 은혜가 1위 일 것 같다고 생각한다. 물론 은혜[44]라는 말은 알지만, 교회 내에서 사용하는 은혜는 무엇을 말하는가? 하는 질문을 하고 싶다.

툭하면 교회에 다니는 사람들인 성도들과 집사님, 권사님, 장로님 그리고 목사님이 가장 즐겨 쓰는 말이 '하나님의 은혜'인 것 같다. 좋은 일이 있을 때 은혜는 이해가 되는데 심지어 나쁜 일에도 하나님의 은혜라고 하는데 도대체 은혜의 정체가 무엇인가?

은혜는 하나님이 나에게 주신 사랑을 말하는 것으로, 즉 하나님이 나를 사랑하심을 깨닫게 될 때 사용하는 표현이다.

그리고 은사[45]라는 말도 많이 사용하고 있는 것 같다.

어떨 때 보면 은혜가 은사 같고, 은사가 은혜 같은데 구분을 하기 어려워 헷갈린다.

---

44 恩惠(카리스)은혜,기쁨,호의,선물,감사 로 번역
45 恩賜(카리스마):선물

은사는 성령 하나님이 주시는 선물[46]을 말한다.

즉 성령의 은사라는 말로 대변되기도 하는데 은사를 이해하려면 다른 용어를 살펴보면 쉽게 알 수 있다.

은사는 직분[47], 사역[48], 나타내심[49], 지혜의 말씀, 지식의 말씀, 믿음, 병 고침, 능력 행함, 예언, 영들 분별함, 각종 방언[50] 말함, 방언들 통역함 등 여러 종류로 기록하고 있다.[51] 성경에 기록된 것만 보아도 여러 가지 직분이 있다.[52]

문제는 그 현상이나 사역이 하나님으로부터 온 것이냐 아니냐? 는 겉모습만 보지 말고 열매를 통해 알 수 있다.[53]

은사의 목적은 **"그가 혹은 사도로, 혹은 선지자로, 혹은 복음 전하는 자로, 혹은 목사와 교사로 주셨으니 이는 성도를 온전케 하며 봉사의 일을 하게 하며 그리스도의 몸을 세우려 하심이라."[54]**

즉 성도의 은사는 그리스도의 몸을 이루기 위한 것으로 자기 개인을 위해서 사용하는 것이 아닌 남을 위하여 사용하는 것이다.

다시 말하면 하나님이 내게 주신 은사를 통하여 다른 사람으로

---

46 膳物(도마)

47 직분(디아코니아):사도, 선지자, 전도사, 목사, 교사, 감독, 장로, 집사

48 사역(에네르게마), 역사(에네르게오) 고린도전서 12:6

49 나타나심(파네로스):드러내가다, 계시하다

50 '방언'(方言)은 글로써($\gamma\lambda\omega\sigma\sigma\alpha$:헬)로 표기되었고 '말' '언어' '발언'의 뜻으로, 여러 형태의 방언이 있는데, 외국어 방언, 새 방언, 알아듣지 못하는 방언, 그리고 하나님이 주신 방언, 사탄이 준 방언, 자기로부터 온 방언(학습방언) 등

51 고린도전서 12:4~10(개역개정판)

52 고린도전서 12:28~30

53 마태복음 7:17~20

54 에베소서 4:11~12

하여금 하나님의 사랑을 알게 하는 것이다. 그래서 권면, 성령의 교제, 사랑의 위로, 긍휼, 자비 등도 은사라고 한다.

이제 은혜와 은사의 차이점은 쉽게 구분해야 한다.

넓은 의미로는 은혜와 은사는 같다.

은혜가 은사를 품고 있다.

굳이 그 차이를 말하려면 은혜는 나를 위해서 주시는 하나님의 선물로 하나님의 사랑을 깨닫게 하는 것이고, 은사는 나에게 주셨지만 나를 위해서가 아닌 다른 사람을 위하여 사용하여 그 사람이 하나님의 사랑을 깨닫도록 하는 것이다. 그리하여 그리스도의 몸을 세우고, 즉 교회를 세우려고 주신 하나님의 선물이다.

신앙생활은 은혜를 체험하고 은사를 나눌 때 보람도 있고 재미도 있다.

그러나 누구나 은혜와 은사를 받는 것은 아니라는 것이다. 즉 은혜는 강권적인 하나님의 힘으로 받기도 하지만 은사는 나름의 준비? 가 필요하다. 이는 마치 아무에게나 의사가 사용하는 메스[55]를 주는 것이 아닌 것처럼 말이다. 그리고 은사를 받았음에도 사용하지 않으면 언제인지 모르지만, 은사가 사라진다는 것도 명심했으면 한다.

신앙생활은 은혜를 받고 또한 은사를 사모하는 가운데 받고 그

---

55 수술용 칼

은사를 나눌 때 배가 되는 기쁨이 오는 것이다.

하나님은 지금도 은혜를 주시며 또한 은사도 준비된 자에게 주심을 기뻐하신다. 이는 아이들에게 선물을 잔뜩 사 든 아빠가 그 선물을 어서 주고 싶어서 참지 못하는 것처럼 말이다.

우리도 은혜와 은사를 경험하고 더 큰 은혜와 은사를 사모하는 복된 신앙인들이 되었으면 하는 바람이다.

9) 정통 기독교와 이단& 사이비는 어떻게 구별할 수 있나요?

말세가 가까웠다고들 한다.

그 현상으로 이단과 사이비라는 기독교 종파? 들이 횡행하고 있다.

우리나라처럼 이단 종파가 많은 나라는 드문 것 같다.

이단(異端)은 말 그대로 끝만 살짝 다른데 앞모양은 오히려 더 거룩해 보이고 더 성경적인 것 같다. 그러나 분명히 알아야 할 것은 배의 진행 방향은 배 뒤에 있는 키가 좌우한다. 한마디로 말하면 양의 탈을 쓴 이리와 같다! 라고 할 수 있다. 이단이라고 사이비라고 하는 이유는 거짓이기 때문이다.

이러한 이단과 사이비는 사회가 혼란할수록 그 기세를 더한다.

특히 모 SOO 는 주 포교의 대상이 젊은 사람들이고 그중에서도 교회를 다니고 있는 착하고 순수한 청년들을 대상으로 한다.

때론 듣기 좋은 소리로 '아프니까 청춘이다', '고생은 돈으로도 못 산다' 등 청년들을 위로하기도 하지만 어찌 들으면 청년들의 아폼이며 약점, 악한 세상에 대한 입술만의 미학이기도 하다.

청년들이라고 모두 고생하는 것도 아니다.

부모 잘 만난 청년, 일명 금 수저는 아무런 노력도 없이 안정된 자리에서 부와 명예를 누리고 있는 현실은 흙 수저라 말하는 청년들의 희망을 여지없이 짓밟기도 한다.

열심히 노력해도 청년들의 자리 잡음은 그렇게 쉽지 않다.

공무원이 청년들의 꿈이라고 했지만 막상 공무원이 되고 나면 수년 내에 스스로 그만두는 기이한 현상이 우리나라에서 일어나고 있고 청년들의 열심과 그 땀의 열매가 불공평하다고 느끼는 사회가 되어버렸다.

이러한 틈을 이단과 사이비는 노리고 감언이설과 위로, 인문학 강의, 인간관계 등등으로 교묘하게 사람들을 유혹하고 세뇌를 시켜버리는 일이 벌어지고 있다.

그럼 정통? 기독교와 이단&사이비를 구별할 방법은 무엇인가?

정통교회와 이단을 구별하는 방법은 의외로 간단하다.

사람을 살리고, 가정을 살리고, 이웃을 살리며 투명한 교회는 정통교회이지만, 반면에 이단은 사람을 파괴하고 가정을 파괴하고 거짓과 모략을 정당화하고 투명하지 못하다면 이는 이단일 가능성이 매우 높다.

2020년 3월에 시작된 한국의 코로나19 바이러스의 폭발적 감염전파는 SOO이라는 이단 사이비 종교집단이 자신들 교인들의 명단을 감추고 거짓으로 알려주고 숨고 위장하여서 그 실체를 파악하는 데 어려움이 있었다. 그리고 그들의 집회에서 수많은 사람이 감염체가 되고 전국으로 2차, 3차, 4차, 5차 감염전파의 매개체가 되었음에도 거짓으로 일관하였다.

그 이유는 아주 간단하다.

이단과 사이비들이 명단을 밝힐 수 없는 비리가 있거나 유명 인들과 정치인들의 명단이 숨어 있었을 것으로 추측할 수 있다. 아니라면 떳떳하게 밝히지 못할 이유가 없는 것이 아닌가?

이단&사이비는 어찌 보면 바이러스와 같다.

한동안은 그 기세가 굉장한 것 같지만 역사적으로 수많은 이단과 사이비들의 거짓이 탄로되고 결국은 흔적도 없이 사라지는 것을 우리는 여러 사건을 통하여 알고 있다.

말세라는 이 시대에 우리는 정신을 차려야 한다.

성경의 말씀은 지진과 전쟁과 여러 기후와 자연의 재앙과 적그리스도[56]의 출현은 말세의 큰 징조라고 예언한다.

이러한 때에 교회들과 성도들이 깨어야 한다.

그저 자신만이 이단을 구별하는 것으로 끝나지 말고 다른 사람들에게도 그 구별하는 방법을 가르쳐 주어야 한다.

---

56 그리스도로 위장한 가짜 예수, 말세에 나타날 징조로 이단&사이비를 지칭

내용	정통 기독교	이단&사이비	비고
구원은?	믿음으로	공덕과 행위로	
믿음의 삶은?	하나님이 주신 은혜	충성의 대가	
의인으로 칭함은?	전적 감사	본인 자랑거리, 144,000명만 구원?	
상속의 언약은?	믿음과 의로	혼합교리와 계명,	배교-폭력
종말론은?	성경 전체	계시록만, O년 O월 O일로 명시	
사회적 영향은?	선,사랑,용서, 긍정적	분열,파괴,유혹,모략,불투명,거짓, 부정적	
특징?	오직 하나님으로	교주 OOO의 절대적 힘, 자칭재림예수	사람숭배
종파	개신교, 가톨릭, 성공회	신천지, JMS ,IYF, 여호와증인, 통일교 전도관, 하나님의 교회, 구원파, 다락방 타작마당 등	가출,합숙, 가정파괴

표1[57]

간략하게나마 정통교회와 이단의 특징을 요약하여 표로 만들

---

57 로마서 3~4장을 참고하여 간략하게 요약

었는데 이 표를 통하여 이단과 사이비를 식별하기에 도움이 되기를 바란다.

　우리는 이단과 사이비를 구별해 내고 하나님 말씀, 복음에 뿌리 내리는 신앙생활이 되어야 한다.
복음만이 살길이다.

10) 천국은?

　천국이 있으면 좋을까? 없으면 좋을까?
　자신에게 냉정하게 물어보아야 한다.
　우리가 천국이 있다! 하면 있는 것이고, 없다! 하면 없는 것이 아니다! 단지 우리의 바람과 생각이다.
　천국이 있다! 라는 사람은 영원한 생명을 꿈꾸는 사람일 것이지만 반면에 천국이 없다! 라는 사람은 사람이 죽으면 끝이지! 라고 생각하며 자신의 삶에 대한 자신이 없기에 그럴 것이다.
　천국이라는 개념은 말 그대로 하늘에 존재하는 다른 세상일까?

　신학생 시절에 있었던 에피소드를 기록한다.
　뜨거운 열정과 전도의 사명을 가지고 축호[58] 전도하고 있었다.
　딩동! 계세요! 라고 하니 '**누구세요**! 라며 짜증 섞인 소리로 답변

─────────
58 가가호호 각 집을 찾아가 전도하는 방법

이 왔다. 집에 사람이 계시는구나! 라고 반색하며 이렇게 말했다. 어르신 OO교회에서 왔습니다. 그러자 문을 벌컥 열며 말한다. 교회는 무슨! 중얼중얼~ 나는 지지 않고 '예수 믿고 구원받아 천국에 가셔야죠!'라고 말했다. 그러자 그분은 천국, 지옥이 어디 있다고! 버럭 소리를 질렀다, 그러면서 문을 쾅 닫고 들어가면서 멀쩡하게 생긴 놈이 천국 지옥이 어디 있다고 라고 말하는 것이었다. 나는 조금 약이 올라서 돌아서면서 들으라고 이렇게 말했다. 그럼 지옥에 가시든지! 라고 말이다. 그러자 다시 문을 확 열어젖히며 뭐라고? 지옥에 가라고! 이런 못된 놈이! 라며 손을 치켜드는 것이었다. 그래서 나는 지옥 없다고 그러셨잖아요! 라고 응수를 했다, 그랬더니 그분 말씀이 만약에 지옥이 있으면 어떡해?

사람들은 천국과 지옥이 없었으면 하고 생각할까? 아니면 있다고 인정하면서도 모른 척하는 것일까?

천국은 분명히 있다.

다만 지금은 잘 모르는 것뿐이다. 아니 죽어서야 갈 수 있는 천국과 지옥이기에 천국과 지옥이 있다고 알지만, 천국에 갈? 자신이 없어서 천국이 없다고 하는 것일지도 모른다.

그렇다고 천국이 있음을 알아보려고 죽을 수는 없다.

천국에, 지옥에 가는 길은 무엇일까?

먼저 지옥은 자기 하고 싶은 대로 하고 살면 된다. 내 주먹을 믿는다! 라는 마음으로 말이다.

천국은 하나님나라[59]라고 말한다.

다른 종교에서는 하나님나라를 하늘나라로 표현하기도 하는데 어쨌든 천국은 하늘나라, 즉 하나님나라이다.

하나님나라에 가는 길은 예수 그리스도를 믿으면 된다! 너무 간단해서 이상한가?

교회에 다니며 하나님의 복음을 듣고 믿음으로 아멘[60]하는 것인데 이를 신앙생활이라고 한다. 왜냐하면 신앙생활은 물과 성령으로 거듭난 증거이기도 하기 때문이다.

하나님나라는 돈으로나 행위[61]로 가는 곳이 아니라 오직 예수 그리스도를 믿는 자들에게 주시는 하나님의 선물인 은혜로 가는 곳이다.

하나님이 주시는 선물은 감사합니다! 하고 받으면, 믿으면 되는 것이다.

그런데 우리는 하나님나라를 하늘나라로 국한하였지만, 예수님은 이 땅을 다시 회복시켜 하나님나라를 이 땅에 만드시려고 우리에게 오셨고 그 사명을 이제 우리를 통하여 이루시기 위해 계획하셨고 우리에게 부탁하셨다. **"내가 진실로 진실로 너희에게 이르노니 나를 믿는 자는 나의 하는 일을 그도 할 것이요 또한 그보다 큰 일도 하리니 이는 내가 아버지께로 감이라."[62]**

---

59 하나님이 통치하시는 나라로 하늘나라보다는 범위가 넓은 의미로 사용됨
60 믿습니다, 그렇게 하겠습니다 라는 동의어
61 타 종교에서는 공덕(功德)을 쌓아야 한다고 함
62 요한복음 14:12

천국은 분명히 있다.

그리고 우리는 하나님나라를 약속으로 받은 사람들이다.

11) 크리스마스가 뭐죠?

크리스마스는 Day of The Christ라는, 즉 그리스도의 날이라는 것이다.

그리스도는 메시아와 같은 의미로 구원자라는 뜻이다.

크리스마스를 지금은 12월 25일로 정해서 기념일로 지키고 있지만, 사실은 12월 25일은 예수 그리스도의 탄생일이 아니다.

기독교를 공인한 로마제국의 황제였던 콘스탄티누스[63]는 312년 기독교로 개종을 하고 나서 그 이듬해인 313년 '밀라노 칙령(Edict of Milan)'[64]으로 기독교를 공인한다. 그러므로 당연히 초대교회에는 12월 25일 예수님의 탄생일이 존재하지 않았다. 크리스마스가 교회 내로 유입된 것은 354년 로마교회 교황 리베리우스[65] 당시의 가장 큰 명절인 태양신의 기념일인 12월 25일을 예수님 탄생일로 선포하게 되면서 시작된 것이다.

이유는 예수님의 탄생의 정확한 기록이 없는, 지금처럼 호적 되

---

63 4황제의 공동통치체제 후 등장한 306~324년의 로마황제

64 313년 로마 콘스탄티누스 대제가 신앙의 자유와 그리스도교의 권리 보장을 발표한 포고령 콘스탄티누스 1세와 동로마의 황제 리키니우스가 협의한 정치적 조약으로, 그리스도 교도에게 교회 조직의 법적 권리를 보장해주고 모든 사람의 신앙의 자유를 인정

65 '교황 리베리우스'가 서기 354년, 태양신의 축일을 '예수 탄생일로 선포'하면서 12월 25일이 크리스마스로 굳어졌다.

었던 자료가 없기 때문이다. 일각에서는 성경을 근거로 하여 유대력[66]을 따져서 10월 15일이 예수님 탄생일이라는 주장을 하기도 한다. 그러나 중요한 것은 지금은 12월 25일을 전 세계가 예수님 탄생일로 알고, 지키고, 즐기고(?) 있다는 것이다.

분명한 것은 예수님이 신화적 인물이 아니라 이 땅에 태어나신, 실존적인 인물이고, 하나님의 아들이시라는 것이다.

크리스마스의 특징 몇 가지를 간추려 보면 다음과 같다.

1. 선물 : 예수님 자체가 선물, 즉 구원이라는 선물을 주신 것으로 사랑이라는 것,

2. 카드 : 기쁜 소식을 전하는 메시지로 마치 전보와 같은 것.

3. 크리스마스트리 : 영원한 생명을 상징하는 상록수 나무를 베어 기념한 것으로 후일 독일서부에서 파라다이스 모양으로 시작되어 피라미드의 삼각형인 지금의 모습으로 변형 보급되어 사용. 그러나 필자는 메시아 오심을 기다렸고 예수님이 별 반짝이는 날에 오심을 환영하는 의미로 악한 영을 쫓아낸다고 생각하여 널리 설치했다고 생각.

4. 산타클로스 : 4세기에 소아시아 리키아 마리에서 활동했다고 전해지는 성인(聖人)의 이름으로 상투스 니콜라우스(라틴어)인데 산타클로스라 불리는 이유는 신대륙에 이주한 네덜란드인들

---

66 히브리역이라고도 하며 유대인들이 사용하는 역법. 유대력은 태음력과 태양력을 합친 태음태양력의 성격을 갖고 있고, 1년의 주기는 태양력을 기준으로 하지만 월과 일은 음력을 따르고 있다.

이 산테클라스로 부르면서 유래했고 지금은 착한 아이에게 선물을 준다는 전설을 가진 빨간 옷[67]을 입고 흰 수염을 가진 인물로 알려져 있다.

크리스마스라는 특징은 기쁨과 좋은 소식, 사랑의 선물이다.

크리스마스는 하나님이 우리에게 주신 예수님으로 구원과 약속의 선물이며 그 증거이지만, 크리스마스 하면 산타클로스가 예수님보다 먼저 생각나는 것이 문제이기도 하다.

12) 제사 문제! 어떻게 하죠?

제사는 누구를 위한 것일까? 하는 고민을 해야 한다.

조상을 위한 것인가? 아니면 나를 위해서인가?

여기에서 우리는 냉정해져야 하는데 그러려면 제사의 유래와 시작을 알아야 한다.

우리는 속고 있었다.

제사가 조상을 기리고 근본(뿌리)을 기억하며 조상신이 보살피고 복까지 주는 종교가 되었다.

결론부터 말하면 제사의 시작은 백성들을 다스리기 위한 정치적인 통치 수단이며 중국에서부터 전해오는 외래문화일 뿐이라는 것이다.

---

67 코카콜라에서 자사 제품을 상징하는 빨간색으로 후원했다는 설도 있음

그 시작은 '왕이 된 조갑[68]은 제사 예법 문화를 정비를 시작하는데 이전에 있던 모든 신 토템, 즉 황하 신, 천신 등에 대한 제사를 폐지하고 자신의 직계 혈족들에 대한 제례만을 강화했다.'[69] 제사의 대상이 조상으로 바뀐 것이다. '이것은 중국 역사상 최초로 일어난 인위적 문화혁명으로 유교문화의 시발점이 되는 사건이 되었다.[70] 은나라 왕 조갑이 어쨌든 조상신을 가장 위대하고 유일한 신령으로 삼은 이 정책은 갑골문[71]을 통해서 확인된 것은 당시의 모든 토템과 애니미즘[72], 샤머니즘 등을 강제로 폐하고 조상신 하나만을 숭배하는데 전쟁, 농사, 날씨, 질병을 조절할 수 있는 능력의 전천후 존재로 만들었다. 이는 정치적 위상 강화를 위한 고도의 방법으로 조상들의 족보를 재 수정했고, 수시로 수많은 제물을 동원해 전쟁의 승리나 풍년을 기원하는 제례를 진행했다. 거듭되는 제례와 정치적 설계를 통해 권위가 축적되었다. 이렇게 만들어진 '조상신 숭배'가 훗날 공자에 의해 유교문화의 기초로 사용된다.[73]

우리나라의 경우, 삼국시대와 고려 시대에는 불교가 성행했고 그로 인한 토템의식은 갖고 있었지만 조상 제사는 지내지 않았다

---

68 은나라(상나라)를 다시 부흥시켰던 무정(武丁)이 아들 조경(祖庚)이 왕위를 잇고 25대 왕으로 아우 조갑(祖 甲)이 즉위
69 김경일 저 공자가 죽어야 나라가 산다, 103p
70 위의 책
71 1899년 중국 허난성의 안양지역에서 발견된 고대 갑골문
72 만물 모두에게 신령이 존재한다는 생각
73 위의 책

고 한다.

그러나 태조 이성계가 조선을 건국하면서 고려와 새로운 왕조의 단절을 꾀하려고 고려의 불교 대신 유교를 조선의 종교로 선택하고 통치의 근간으로 한 것은 너무나 잘 아는 사실이다. 조선의 건국 세력들인 사대부가 불교를 배척하고 유교로 민간신앙을 바꾸는 방법으로 주자학을 사용하였고, 제천(祭天)과 제사(祭祀)를 통해서 유학자들이 힘을 얻고 제사를 주관하는 사람의 권위와 그 사람 뒤에 엄청난 힘을 가진 존재가 조상신이라고 믿으며 시작한 것이다.

조선의 왕들은 자신의 권력이 조상신으로부터임을 보여주려고 종묘에서 장엄하게 역대 왕들에게 제사를 지내면서 권위를 나타내었고 감히 왕에게 도전하지 못하도록 신하들과 백성을 통치하며 사용했다. 왕은 경복궁 우측에 사직단을 지어 하늘신과 토지 신에게 제례 의식을 했고, 좌측에 종묘를 지어 조상제사의 기원을 마련했다. 종묘사직이라는 말은 곧 천지의 신과 조상신이 나라를 지켜주는 것으로 인식시키면서 곧 나라의 근간이라고 말하는 이유이기도 하다.

경국대전[74] 예제(禮制)에 '6품 이상 문관이나 무관은 3대까지 제사 지내고 7품 이하는 2대까지, 일반 서민은 부모에게만 제사 지낸다.' 하는데, 제사도 아무나 함부로 할 수 없었다, 또한 양반들은

---

74 조선 왕조의 근본을 이루는 법전(法典). 고려 말부터 성종 때까지 약 100년간에 반포된 제법령(諸法令), 교지(敎旨), 조례(條例) 및 관례(慣例) 따위를 총망라한 법전으로서, 세조 때 최항(崔恒)을 중심으로 노사신 (盧思愼), 강희맹(姜希孟) 등이 만들기 시작했고, 1485(성종 16)년에 간행하였다. 그 뒤로도 여러 차례 보완 되었으나 기본 골격은 조선 왕조 말기까지 계속 유지되어 적용되었다. 6권 3책으로 되어 있는 활자본이다.

제례 의식을 충군효친(忠君孝親)의 규율 수단으로 사용하고 그렇게 양반만 하던 제사를 일제치하에서는 모두가 양반 행세를 하기 시작하면서 가문 족보를 만들고 제사를 지내기 시작하였다. 가짜 양반들은 그 멸시와 설움을 씻고자 더 크게 제사를 지냈고 여기에 질세라 진짜 양반들은 요란스러울 정도로 제사를 지내면서 그 가세를 자랑하기도 하였다. 그 결과가 제례 의식을 시작한 중국은 문화혁명 이후 1년에 단 한 차례 제사를 지내고 있지만, 우리나라에서는 1년에도 수차례 모든 정성과 돈을 들여서 '효'로 연결하여 유교와 주자학을 기반으로 한 조상신 제사를 지금껏 그 전통 아닌 전통을 이어 내려오고 있는 순진무구한 백성이 서글프게도 우리 민족이다. 그런 폐단을 없애려고 한때는 가정의례준칙[75]이라는 법? 으로 만들어 강제한 적도 있었다.

결국 제사라는 제도는 우리나라의 고유문화가 아니므로 꼭 지켜야 할 필요성이 있을까? 라는 질문을 하게 된다.

제사는 지금의 시대와 문화에도 맞지 않는 불합리한 제도이고 중국으로부터 온 외래문화이며 정치적 수단으로 사용되었던 도구라는 사실을 잊지 말아야 한다.

그런데 아직도 기독교인조차도 제사에 대하여 정확히 모르고 조상, 효와 조상과의 관계를 무시한다는 말과 인식에 기독교인 스스로 죄 아닌 정죄에 시달리며 속고 있는 셈이다.

---

75 박정희 대통령 시대에 만든 가정의례규칙 집

성경의 가르침을 보면 '**죽은 사람의 영혼은 결코 이 땅에 올 수 없으며**'[76]이방인의 제사는 조상들에게 하는 것이 아니라 귀신에게 하는 것이라는 말씀을 기억하기를 바란다.

지금 제사의 성격은 정치적인 의미는 없어지고 조상을 기리는 추모제이면서도 조상귀신을 부르는 신(神)적인 의미가 있는 것이다.

결국 제사는 [종교적인 관점에서 볼 때 제사는 간접적인 영생법입니다.][77]

종교를 갖는 이유 가운데 죽음 극복 법, 즉 사람은 자신이 죽는다는 사실을 알기 때문에 종교를 만들고 여러 가지 방법을 통하여 영생과 불멸을 이루려고 하는 것이다. 그 대표적인 생각이 사후세계를 인정하는 것이다.

기독교나 불교는 사람은 육체만 죽는 것이고 영(靈) 혹은 혼(魂)은 그대로 남아서 사후에도 어떤 모습이든지 존재한다고 말하고 있다.

반면에 유교의 교리는 죽은 뒤 몸은 흙으로 돌아가고 혼은 공중에서 사라져 버리고 존재하지 않는다. 그런 허무함을 타개하기 위하여 타 종교처럼 영원한 존재 욕구를 아들의 혈통으로 이어간다는 사상으로 제사를 선택하고 조상신 숭배의 나라, 제사를 지내는 세계 유일한 나라가 된 것이다.

---

76 사람의 영과 혼은 위로 짐승의 혼은 아래로 내려감
77 출처 : wikipedia(JosephSteinberg)

구한말 개화기 선교사들은 아름다운 자연과 무지몽매한 백성을 '고요한 아침의 나라' '은자의 나라'로 설명했지만, 조상신 숭배라는 것은 이해하지 못했다. 미국 선교사 헐버트[78]는 '코레아 인들은 사회생활에서는 유교에, 사고방식은 불교에 속하며, 곤경에 빠지면 귀신을 믿는다.'[79] 평가하고 있다.

분명히 짚고 넘어가야 할 것은 조상 제사가 효의 척도인 것처럼 알면 안 된다는 것이다. 또한 제사가 없는 민족은 미개하거나 우매하거나 불효막심! 이라고 말해서도 안 되며, 조상 제사만 하면 효를 다 한 것으로 생각하는 것은 착각이며 의외로 부모가 살아 계실 때 불효를 저질렀던 사람들의 한풀이 같기도 한 모습을 보기도 한다.

그리고 명심해야 할 사항은 제사의 종교적인 은덕 사상은 기독교의 가르침과 정면으로 부딪치고 선교에 지대한 영향을 끼치고 있다는 사실이다.

이에 로마 가톨릭 한국교구는 제사를 '조상에 대한 효'라고 규정, 인정하고 허용하는 것으로 유교적인 제례와 타협을 하게 된 것으로 어찌 보면 포교를 위한 얕은 수를 쓰고 있다고 할 수 있다.

실제로 로마 가톨릭은 각 나라에 선교를 하면서 그 나라의 토착 신과 가톨릭을 융합하여 이상한 형태를 갖춘 가톨릭으로 변질

---

78 1863년 버모트 출생의 감리교 선교사로 고종의 밀사로 활동했으며 한국 땅에 묻히기를 소원하고 지금은 양　화진에 그 묘역이 있음
79 대한제국멸망사: 1905년 헐버트가 쓴 책

한 것은 사실이지만 이것이 그 나라에는 우호적으로 보인다는 사실이다. 즉 그 나라의 문화를 존중하는 것으로 보인다는 것이다.

우리나라도 로마 가톨릭(천주교)은 천주께 경배한다면서도 제사를 효로 인정하여 천주교인은 제사를 지내는데, 기독교(개신교)는 '효'도 모르는 불쌍 한 놈 취급을 당하고 이 문제가 선교에 막대한 걸림돌이 되고 있음은 현실이다.

제사는 누구를 위한 것인가?
이제 우리가 답변하고 결정해야 할 순간이다.

부록: 가나안 교인에 대한 조사

['가나안'은 가나안 땅을 향해 떠난 이스라엘 백성처럼 새로운 교회, 또는 이상적인 교회를 찾아다니는 사람들을 일컫거나 또는 의도적으로 '기성교회'를 거부하며 교회를 떠난 사람들을 가리키기도 한다.

몇 가지 자료조사를 보면 '가나안 교인들은 여자(49.6%)보다 남자가(50.4%) 연령층은 30~40대가, 학력은 대학졸업자들인 고학력자가 많았고, 직업은 화이트칼라(57.3%), 가정주부(12.3%)로 나타났다.

가나안 교인의 특징은 직분은 없었던 분들이 쉽게 교회를 떠나갔다고 조사되어 있다. 가나안 교인들의 거주지역은 전국에서 서울과 경기도 지역에서 높게, 교회 규모가 100명 미만의 소형교회에서는 문제가 없었다는 응답이 63.1%로 높게 나왔지만, 300-1000명 미만의 중형교회에서는 헌금 강요가 40.6%로 가장 높게 나왔고, 교회당 건축 문제도 22.9%로 상대적으로 높게 나왔다.

여러 질문 및 응답 중에서 그래도 무엇보다 희망적인 것은 '지금은 교회를 안 나가고 있지만, 응답자 53.3%는 다시 교회에 나가고 싶다는 조사 결과와 다시 교회에 나가고 싶다면 어떤 교회에 나가고 싶은가?' 라는 통계로는,

1. 올바른 목회자가 있는 교회
2. 공동체성이 있는 교회
3. 건강한 교회

4. 부담 없는 교회

5. 편안한 교회… 13. 기존에 다니던 교회 14. 올바른 성도가 있는 교회

순으로 응답되어 있다.][80]

즉 직분이 없고 익명성을 바라며 숨어서 하듯 하는 신앙인들이 쉽게 가나안 교인이 되는 것을 알 수 있다.

가나안 교인의 회복과 새 신자와 기존 교인라도 신앙의 확신이 없는 분을 위하여, 신앙공동체에 올바르게 안착하기를 소망하면서 감히 교회 사용설명서(신앙생활 메뉴엘)라 이름 하였다.

여기까지 읽고 깨달은 은혜로 아름다운 신앙생활이 되기를 우리 주 예수님의 거룩하신 이름으로 기도한다. 아멘

감사합니다.

---

80 (LA 꿈이 있는 교회 카페에서 발췌하여 정리)

3장

시험과 상처받은 자를
위하여

들어가는 말

"최근 한국리서치 정기조사 '여론 속의 여론'에서 주요 종교 호감도를 조사한 결과 개신교에 대한 국민의 호감도는 여전히 낮은 것으로 조사됐다고 한다.

한국리서치에서는 지난 2020년부터 각 종교에 대한 국민의 호감도를 정기적으로 확인하고 있는데 불교와 천주교에 대한 호감도가 각각 52.5점과 51.3점을 기록한 데 반해, 개신교는 33.3점으로 이와 큰 차이를 보였다."[1]

심지어 학원복음화협의회가 전국의 대학생 1,000명을 대상으로 조사한 〈개신교 대학생의 신앙 의식과 생활〉에 따르면 "내가 교회에 다닌다, 내가 크리스천이다, 왜 말을 못 해."라고 물으면 "교회가 이 꼴인데 어떻게 해요! 다들 크리스천이라고 하면 손가락질하는데 그럼 내 입장이 어떻게 되는데요."라고 기독 공보는 전하고 있다.[2]

이것이 문제이다.

---

1 기독공보 2023.12.12. 사설에서 발췌
2 기독공보 2023.6.26. 청년 괜찮습니까? 에서

개신교의 호감도가 다른 종교에 뒤처지는 이유가 있다.

그 이유라고 생각되는 것을, 조금 예민한 주제를 '뜨거운 감자' 소재로 언급하였다.

마치 뜨거운 감자처럼 여겨지기도 하면서 쉬쉬거리기도 하고 쉽게 답변하기도 꺼려지는, 조금 잘못 표현하면 오해를 불러일으킬 수도 있는 그러한 이슈에 대하여 목회적인 답변을 했다.

먼저 책에서도 밝혔듯이 이 책은 신학 서적이 아니다.

신학적인 논쟁은 피하고 되도록 교회의 항존직 직분자가 아닌 일반 성도와 가나안 교인과 새 신자의 눈높이에서 질문하고 설명하였다.

그래서 어려운 용어는 지양하며 쉽고 간결하게 설명하고자 하였다.

그러나 이 책이 신앙생활의 표본이 아니라 목회의 경험을 바탕으로 교회 생활을 잘 할 수 있도록 하는 '안내'하는 책이 되었으면 하는 바람이다.

그리고 개신교는 편협하지 않고, 세상을 구원하고자 하는, 이웃을 사랑하는 예수님의 말씀을 이 책을 통하여 전하고자 한다.

1) 한국의 개신교, 제2의 종교개혁을 시작하다

한국의 개신교는 제2의 종교개혁으로 변화해야 한다.

루터[3]는 교회의 타락을 더는 지켜볼 수 없어서 95개 조항의 개혁을 요구하는 글을 대학 정문에 붙였다. 이 일을 하면서 얼마나 힘들었을까? 그래도 루터는 혼자이지만 용감하게 그 일을 시작하였다.

결국 교회는 변화를 이루었고 개신교가 태동하는 계기가 되었다. 하지만 루터 자신은 모진 박해와 비난, 온갖 조롱도 받았고 배척도 당하면서 얼마나 외로운 싸움을 싸웠을까? 그런데 칼뱅[4]이 합류하고, 츠빙글리[5]가 뜻을 같이하면서 얼마나 힘이 되었을까?

작금의 교회를 바라보면서 개신교가 부패했다느니 타락했다느니 하면서도 한국교회, 개신교는 왜 개혁과 쇄신을 하지 못할까? 라는 고민을 한다.

그러면서 루터의 심정이 되기로 감히 마음을 먹는다.

필자는 한국의 유명한 목사도 아니고 대형교회의 담임목사도 아

---

3 마르틴 루터(1483년 11월 10일~1546년 2월 18일)는 독일의 종교개혁가, 당시 비텐베르크 대학교의 교수였으며, 대학정문에 95개 조항을 붙이면서 종교개혁이 시작됨.
4 장 칼뱅(1509년 7월 10일~1564년 5월 27일): 종교개혁을 이끈 프랑스 출신의 개혁교회 신학자이며 종교개혁가, 영어식으로 존 칼빈 또는 요한 칼빈으로 불리기도 한다. 종교개혁의 2세대 가운데 가장 중요한 인물로 주요도서인 기독교강요를 집필.
5 울리히 츠빙글리(1484년 1월 1일~1531년 10월 11일) 또는 훌드리히 츠빙글리(Huldrych Zwingli)는 스위스의 종교개혁자다. 루터와 함께 종교개혁의 양대 산맥이지만 성만찬에 관한 이견은 루터와 대적하였다.

니고 학벌이 대단한 신학 교수도 아니고 연구 실적이 뛰어난 신학자도 아니다. 하지만 36세에 신학을, 동년에 교육전도사를 시작으로 전임전도사, 부목사, 담임목사를 거쳐 현재는 중소도시에서 교회를 개척했고, 30년을 오로지 목회사역을 하며 달려왔다. 학생들과 청년들 그리고 일반 성도들에게 목회 현장에서 받은 질문 과 느끼고, 묵상하고 깨달았던 말씀과 설교했던 내용 중에 뜨거운 감자와 같은 의문점들을 드러내고자 하였다. 그저 교회의 전통 정도로만 알고 있었던 것들을 고치고 바꾸고 새롭게 하기를 하나님께 기도하면서 감히 '한국의 개신교는 제2의 종교개혁을 시작합니다.'라고 말하면서 이 글을 쓴다.

마치 바다를 막은 둑에 난 조그만 구멍을 발견하고 자신의 손과 몸으로 막아 큰 위험에서 나라를 구한 네덜란드의 소년처럼, 구멍 난 한국의 개신교의 부패와 타락을 손을 내밀고 막아보려는 일념으로 이 글을 쓴다.

"너희는 유혹의 욕심을 따라 썩어져 가는 구습을 따르는 옛사람을 벗어 버리고, 오직 너희의 심령이 새롭게 되어, 하나님을 따라 의와 진리의 거룩함으로 지으심을 받은 새 사람을 입으라 그런즉 거짓을 버리고 각각 그 이웃과 더불어 참된 것을 말하라 이는 우리가 서로 지체가 됨이라."[6]

이 말씀에 아멘! 하며 다음과 같은 개신교의 개혁을 시작한다.

---

6 에베소서 4:22~25

(1) 개혁의 시작은 예배에서

현행 주일예배 시간을 토요일에도 신설한다.

토요예배를 신설하여 1부라고 칭하고, 기존에 하던 주일예배를 2~3부(교회의 실정에 따라)로 만들어 참석 기회를 다양하게 만들어 성도의 본분대로 신실한 예배자가 되도록 한다.

우리나라도 주5일 근무제가 어느 정도 정착되었는데 개신교의 인구는 조금씩 줄어들고 있는 형편이다. 이러한 때 주일예배라고 하여 주일에만 (속칭) 대 예배를 드리는 고정관념을 버리고 토요일에 1부 예배라고 칭한 예배를 신설하며, 주일에 드렸던 예배는 2부, 3부로 실시하는 것이다.

한 명의 사람이라도 예배를 드릴 수 있도록 교회도 과감한 변화가 필요하다! 라고 감히 제안한다.

찬양 예배는 찬양으로만 영광을 돌리는 예배임을 자각한다.

말만 찬양 예배이고 설교 전에 몇 곡의 찬양을 하는 똑같은 형태의 예배는 식상하기도 한다.

새벽기도는 단락으로 그날 분량의 말씀을 통독하고 스스로 기도하도록[7] 개인기도 시간을 되도록 할애한다.

수요기도회나 금요기도회는 즉문 즉답[8]을 벤치마킹하여 교회도 그 자리에서 의문이 들고 의심나는 사항을 질문하고 같이 토론하고 답을 찾아가는 시간을 만들어 성도들이 품는 의혹을 풀어

---

7 참조: Every Manna라는 새벽기도 묵상집(큰빛 교회 발행)
8 불교의 법륜 스님이 시작했던 프로그램으로 많은 호응으로 강연과 세미나가 각 지역에서 열리고 있으며 불교의 확장에 큰 도움이 되고 있다.

주어야 한다.

지금의 개신교가 언제부터 폐쇄적이고 보수적인 전통을 고집하여 마치 유대교의 바리새인과 서기관 같은 모습이 되었는지 모르겠다.

그리고 예배의 형식도 기존의 모습에서 되도록 탈피하여 예배의 특성화를 만들어야 한다.

예배의 특성화는 이렇게 제안한다.

주일예배는 기존의 정통방법으로 드리는 시간, 기도와 찬양으로 시작하여 말씀으로 마치는 형식을 그대로 고수한다. 주일예배에 참석하지 못하는 성도들을 위하여 토요예배를 도입하고, 찬양예배, 수요기도회나 금요기도회, 새벽기도는 위에 언급한 대로 시행한다.

(2) 헌금 방법도 개혁해야 한다.

노방전도나 축호 전도 또는 관계 전도를 하면서 자주 듣는 말이 있다.

'교회도 돈이 있어야 다니지!' 라고 말이다.

물론 핑계일 수도 있지만, 헌금에 대하여 특히 십일조에 대하여서는 날이 선 모습을 보이는 사람들이 많다.

교회는 헌금을 걷는 것이 목적이 아니다! 라고 말하고 싶다.

그럼에도 세상 사람들은 주일예배를 빗대어 교회의 본질인 예배를 헌금을 걷는 수단이라고 말하기를 서슴지 않고 있다. 그 이유가 일명 잠자리채 헌금, 구역(속)헌금, 여 전도회비, 남 선교회비, 선교비, 건축헌금 등등의 여러 명목의 헌금 때문은 아니라고 자신 있게 말했으면 좋겠다.

잠자리채 같은 헌금 바구니를 돌리는 것이 옛날이야기 같지만, 잠자리채만 아닐 뿐, 아직도 헌금 바구니를 돌리는 예배의 장소들이 꽤 있다. 이 부담감 주는, 강압적인 헌금 방법을 그래도 조금 개혁한 것이 입구에 헌금함을 설치하고 들어오면서 자발적으로 헌금을 드리는 교회가 이제는 제법 많아졌다. 헌금함을 입구에 설치하고 별도로 헌금 시간을 갖지 않는 문제에 여러 교회가 고민에 고민하다가 바꾸지 않았나?

헌금 방법을 이렇게 개혁했으면 한다.

모든 헌금은 무기명으로 하고, 이름이 노출되지 않는 아이디를 사용한다.

이렇게 헌금 방법을 바꾸려고 하면 또 고민이다.

혹시 헌금의 총액이 1/2 이상 줄어드는 것은 아닐까? 교회가 헌금이 줄어들면 난리가 날 수밖에 없다. 지출은 거의 변동이 없는데 헌금이 줄어든다면 어려움을 겪을 수밖에 없다.

일명 잠자리채를 돌리던 때에도, 헌금함을 예배당 입구에 비치한 때에도 같은 고민을 했었다. 그래서 얼마간은 헌금이 줄었지만, 그 기간은 오래가지 않았고 오히려 헌금이 늘어난 것을 우리는 알고 있다.

헌금 방법을 무기명으로 헌금함에 넣든 무기명 아이디를 사용하여 온라인으로 드리든 처음 얼마간은 헌금이 줄어들 수도 있지만, 다시 회복되고 오히려 더 증가할 것으로 생각이 된다.

왜냐하면 교회에 와서야 부랴부랴 헌금을 챙기는 것이 아니라 생활 속에서 헌금을 준비하는 것은 늘 주님을 마음속에 우선순위에 두고 있음을 확인할 수 있기 때문이다.

그리하면 세상 사람들로부터 예배를 헌금을 거두어들이는 수단이다! 라는 비난을 듣지 않아도 된다.

또한 심방 등에서 드려지는 심방 감사헌금은 장학금이나 구제비, 교회의 식사 비용으로 사용한다. 교회에서 주일예배 후의 식사비용으로 사용하고자 하는 이유는 아래에서 설명하도록 한다.

(3) 교회에서의 식사도 개혁한다.

교회는 잔치 자리라고 말하고 있다.

교회에서의 애찬은 되도록 풍성하게 마련하고 예배당과 분리된 공간으로 외부인도 쉽게 들어올 수 있으면 좋겠지만 그것은 개 교회의 형편에 따라서 하면 된다. 혹시 비용이 염려스럽다면 교인들이 감사하고 기뻐할 일이 있을 때에 드리는 헌금을 사용하면 된다. 예를 들면 결혼기념일, 생일, 출생, 돌잔치, 승진, 합격 등. 식사를 준비하는 사람은 물론 봉사자가 있어도 좋지만, 외부 알바 하시는 분들을 고정적으로 사용하여 일자리를 만드는 것이 바람직하지 않을까 한다.

그러면 교인들에게 봉사를 강요하지 않아도 되고 교회는 예배에 집중하고 쉼을 얻는 곳으로 바뀌는 것이다.

교회를 찾는 목적에 위안과 쉼을 얻고자 하는 성도들의 바람을 놓치지 않아야 한다.

(4) 차량 운행은 하지 말아야 한다.

예전에 백화점에서 문화교실이라는 명목으로 무료버스를 운행하며 고객 유치를 하던 때가 있었다. 이제는 세상에서도 하지 않는 저인망식 그물과 별반 다르지 않은 무료차량 운행은 하지 말아야 한다.

그런데 웬만한 교회는 아직도 교인을 모시고 오는 무료차량을 운행한다.

물론 거동이 불편한 분들과 노인들을 모시고 온다는 명목이지만 외부 사람들이 보기에는 백화점의 무료차량과 똑같다고 생각한다. 심지어 서울의 모 교회는 교인이 지방으로 이사를 하면 그곳까지 무료차량을 보내주는 서비스를 당연하게 생각한다. 또한 지방 도시에 살면서 굳이 서울까지 무료버스를 타고 출석을 하는 것이 믿음이 좋은 것일까? 라고 묻고 싶다.

교회는 예배를 참석하는 성도들을 위한다는 명목으로 차량 운행은 하지 않아야 한다. 예배에 참석하시는 교인들은 자신이 있는 곳에서 교회까지 오는 그 시간도 예배의 시작이다. 예배당에서 드리는 예배만이 예배라고 착각하지 말아야 한다.

(5) 한국의 개신교의 문제점을 제시한다면!

1. 목회자가 너무 신격화되어 군림하고 있다.

2. 일부 교회의 장로가 계급처럼, 회사의 사장처럼 행세한다.

3. 성도가 제 할 일, 즉 예배와 기도에 집중하지 않는다.

4. 교회 내의 텃세, 끼리끼리 모이고 있다.

5. 교회의 목표가 덩치만 키우거나 없거나 분열되어 있다.

6. 교회가 세속화되었다.

7. 전도하지 않는다.

8. 형식적인 예배로 변질되었다.

9. 한국의 개신교 항존직이 바리새인, 서기관처럼 변해 버렸다.

10. 세상의 본이 되지 못하고 욕을 먹고 있으며 그 힘을 잃었다.

더는 창피해서 열거하기가 싫다.

더 늦기 전에 깨어 있는 동역자들과 주의 백성들이 입으로만 성토하지 않고, 눈치 보지 않고 분연히 일어날 때이다.

루터의 종교개혁이 3가지를 강령으로 삼았듯이 이제 한국의 개신교도 다음과 같은 3가지를 강령으로 삼아 개혁의 기치를 든다.

1. 오직 하나님의 말씀과 기도로 거룩하게(딤전 4:5)

2. 오직 자신을 지키고 이웃을 살펴 경건하게(약 1:27)

3. 오직 전도와 양육으로 하나님께 영광 돌리고(빌 2:11)

2) 결혼이 문제가 될 줄이야?

세상이 혼란스럽다.

이혼, 동성결혼, 졸혼[9], 비혼[10], 싱글 웨딩이 마치 유행처럼 사람들 사이에서 행해지고 있다.

혼자가 편하다고 하며 혼밥(혼자 밥먹는 것), 혼영(혼자 영화보는 것), 혼술 (혼자 술 마시는 것) 등을 아무렇지 않게 행하고 있다.

거의 많은 사람이 스마트폰 중독에 빠져 소통을 직접 얼굴을 보지 않고 스마트폰이란 기기를 통해서 하고 있다. 심지어 취직 합격도, 직장 해고도 스마트폰의 문자나 카톡[11]이라는 것으로 이루어지고 있다.

그럼 한번 자기 자신에게 솔직하게 물어보자!

혼밥! 혼영! 혼술! 얼마나 해 보았나? 정말 좋은가?

외롭다. 외로운 것이 사실이다.

사람은 외로운 존재이다.

결혼은 그 외로움을 극복하는 사람이 세상에서 만든 가장 좋은 제도이다. 물론 이 제도는 수많은 시행착오를 거쳐 지금까지도 이어져 오고 있다.

성경에 보면, 결혼은 하나님이 만드신 제도다.

---

9 졸혼(卒婚): 혼인을 졸업한다는 개념으로 법적으로는 부부, 실제는 별거 상태를 말함
10 비혼: 혼인을 하지 않는 상태로 살겠다는 사람을 지칭
11 카카오 톡의 줄임말

아담이 혼자 있는 것을 보시고는 아담을 잠재우시고 그의 갈빗대 하나를 뽑아 여자인, 하와를 만드셨다. 그리고는 하와를 아담에게로 이끌어 오시니 아담은 **"내 뼈 중의 뼈요 살 중의 살이라"**[12]라고 고백한다. 아담은 **"그의 아내"**[13] 하와와 합하여 한 몸을 이루고 가정을 이루면서 결혼이라는 제도가 시작된 것이다.

그 두 사람은 벌거벗었지만 부끄러워하지 않았고, 마치 어린 아이들이 벌거벗고도 이리저리로 활보하며 옷 입기를 싫어하며 부끄러워하지 않는 것처럼, 아담과 하와도 부끄러움을 몰랐고 옷으로 자신을 감출 이유도 필요도 없었다. 결혼은 감출 것이 없는 모습으로 돌아가야 한다는 것을 잊지 말아야 한다.

천생연분(天生緣分)[14]이란 하늘에서 미리 정해 준 것처럼 꼭 맞는 부부 인연을 말한다. 그런데 이 뜻 외에 다른 뜻의 천생연분(千生緣分)도 있다. 둘 중에 어느 것이 먼저인지는 알 수 없다. 천생연분(天生緣分)은 말 그대로 하늘에서 정해준 인연이고, 千生緣分[15]은 우리가 살고 있는 지금이 바로 한 생(一生), 다시 인간으로 태어나 살 수 있게 된다면 두 생(二生), 이렇게 천 번의 생(千生)이라는 것은 사람으로 천 번을 태어나서 살아야 한다는 것으로, 천 번의 생을 살아가면서 그 사람과 계속된 인연을 맺게 되는 사이를 '

---

12 창세기 2:23
13 창세기 2:24
14 하늘에서 맺어준 인연
15 불교에서의 윤회사상

천생연분(千生緣分)'이라고 한다.

천생연분(天生緣分:하늘이 맺어준 인연)과 천생연분(千生緣分: 천번의 생을 살면서 맺게 되는 인연)이라는 차이를 구분했으면 한다.

어쨌든 결혼이라는 제도는 하나님이 시작한 방법으로, 어느 종교에서든 하늘에서 혹은 천생의 삶에서 맺는, 에덴동산에서 시작하여 지금까지 이어져 온다는 사실이다.

문제는 요즈음 사람들은 결혼제도를 점점 필요치 않은 것처럼 이혼이라는 선택을 쉽게 행하고 있다. 그것은 서로에게 감출 것이 많아지고 불신과 신뢰가 무너지기 때문은 아닐까? 라는 생각을 한다.

물론 이혼을 비방하거나 비방하고자 함은 아니다. 이혼 법정에 가면 수많은 이유와 사연들이 있다는 것을 익히 알고 있다.

필자도 내담자에게 '이혼하고 싶으면 해도 좋다!'라는 반(反)성경적인 권고를 했던 경험도 있다. 오죽하면 이혼이라는 선택을 했을까 라는 아픔과 고통의 심정을 배려해야 한다.

결혼해도 후회, 안 해도 후회, 이혼해도 후회, 그냥 참고 살아도 후회! 라는 말도 있는 것은 그만큼 우리 인생에서 결혼생활은 쉽지 않다는 것을 말하는 것이다.

결혼생활을 완벽하게 유지하는 사람이 얼마나 될까 모르지만 한 번뿐인 인생, 결혼생활을 후회 없이 살아야 함을 다시 절감하게 된다.

그러므로 결혼이라는 제도는 엄숙해야 하고 서로서로에게 성실하고 책임감을 가져야 하고 더 중요한 것은 부끄러움 없는 사랑의 관계라는 사실을 잊지 말았으면 한다.

'사랑은 오래 참고, 사랑은 온유하며…' (고전)

3) 그리스도인 부부의 재산 명의 문제

부부 공동명의가 유행이라고 한다.
졸혼이라는, 황혼이혼이라는 말도 있다.
이전에는 별로 생각도 하지 않았고 당연하다고 했던 것이 지금의 시대에는 문제로 이슈로 회자하기도 한다.

재산을 부부의 공동명의로 하는 것은 서로를 존중하는 의미로는 참으로 좋은 것 같다. 그럼 왜 재산을 공동명의로 하지 않을까 하는 이유는 가부장적인[16] 유교적 사고로 인한 것이 아닌가 하는 생각이다.

재산은 하나님이 이 땅에서 사람들에게 허락하시는 삶의 도구이다.

---

16 유교사상으로 인한 남아 존귀사상으로 집안의 대표를 남자만으로 국한한 구시대의 사고방식

그런데 문제가 있다.

이미 한 사람의 명의로 되어 있는데 두 사람의 공동명의로 바꾸려면 증여세와 취득세라는 비용이 부과된다. 이것이 걸림돌이 될 수도 있다.

좀 더 자세히 공동명의의 장단점을 살펴보면!

장점은 양도소득세를 절감할 수 있다.

예를 들어 양도소득이 1억 원이라 할 때 세율은 35%로 누진 공제 1,490만 원을 빼도 2,010만 원을 내야 하지만 공동명의는 소득금액이 5,000만 원으로 세율 24%를 적용받아 누진 공제 522만 원씩 빼면 1인당 678만 원으로 합계 1,356만 원만 내면 된다. 따라서 차액 654만 원의 이득을 보게 되지만, 단 양도소득이 너무 높으면 별 효과가 없다. 그리고 6억 원을 넘는 경우 종합부동산세를 내야 하는데 개인별로 부과되어 절세의 효과와 장점도 있다. 그리고 부동산의 매매, 대출 등을 받을 때 재산권을 함부로 처분할 수 없는 장점이기도 하지만 이것은 동시에 단점으로 작용할 수도 있다. 이외에도 공동명의로 된 재산을 자녀에게 상속할 때도 개인별 소득에 따라서 적용되므로 세금을 분산시킬 수 있는 장점도 있다.

단점은 임대사업을 등록할 때 공동명의자 모두 등록해야 하므로 취득세, 증여세, 등록세 등 치명적인 이유로 작용할 수 있고 취득세나 재산세는 절세 효과가 전혀 없다.

따라서 처음부터 공동명의로 하는 것은 권장하지만 한 사람의 명의를 공동명의로 바꿀 경우는 재산의 규모에 따라 생각지도 못하는 금액이 세금으로 없어질 수도 있기에 신중히 검토하고 결정해야 한다.

이제 새롭게 시작하는 부부라면 반드시 공동명의로 작성하는 것이 좋지만 이미 한 사람의 명의로 되어 있다면 굳이 바꿔야 할 이유는 이혼을 염두에 둔 것으로 결혼 유지에 심각한 균열과정이 생겼음을 인지하고 하나님 앞에 두 분 모두 왜 이런 자신의 것을 요구하는지를 꼼꼼히 돌아보고 회개하고 서로 화합하는 것이 성경적이고 바람직하다.

물론 혹 부부가 이혼하더라도 기여 부분에 대해서는 법원이 인정하는 만큼의 지분이 있기에 크게 걱정할 필요는 없다.

재산! 즉 돈이 현실 세계에서 절대적으로 필요하지만, 그러나 돈으로 잃는 부분이 더 많음을 우리는 잊지 말아야 한다.

돈으로 이 세상의 모든 것을 소유하고 살 수 있다고 세상은 말하지만, 이 세상에는 아직도 돈으로 살 수 없는 거룩하고 경건한 부분들이 너무나 많다는 것이다.

사랑, 믿음, 성품, 신뢰, 정직, 헌신, 평안, 존경, 그리고 구원 등 너무나 많다.

믿음의 선배 중의 의사인 장기려[17] 박사가 있다. 그분은 스스로 '바보 장기려'라고 불리는 것을 좋아했다. 그러나 그는 사람들의

---

17 한국의 슈바이처(1911~1995)로 불린 분으로 산상수훈의 삶을 살려고 하신 진정한 크리스천이셨으며, 의료보험의 시초인 청십자의료보험조합을 세우심. 막사이사이상 등 수많은 상을 받으신 진정한 의사이자 신앙인

존경과 신망을 한 몸에 받는 그런 삶을 살았다.

그리스도인은 때로는 바보로 사는 것이 지혜로운 삶일 수 있다.

세상에서 손해 보면 몇 갑절로 갚으시는 하나님의 은혜가 반드시 있다.

그러므로 세상에서 바보처럼 사는 삶! 이것이 신앙인의 삶이다.

4) 이혼이 죄가 되나요?

결혼, 이혼, 비혼[18], 졸혼[19], 미혼, 초혼, 재혼은 혼인 관계에 따른 단어들이다.

용어를 살펴보면 결혼은 혼인관계로 묶는다는 것으로 초혼과 재혼이라는 말이 뒤따라온다. 보통 결혼이라는 말은 초혼을 전제로 하여 사용하고 있다. 이혼은 혼인상태에서 부부가 합의 또는 재판에 의해 혼인관계를 인위적으로 소멸시킨 경우를 말한다. 즉 헤어진 상태를 말한다. 이혼 뒤에 다시 하는 혼인을 재혼이라고 한다.

요즈음 오랜 세월을 함께 살다가 나이가 들어 헤어지는 황혼이혼[20]이 계속 증가하는 추세에 있고 법적으로는 혼인 관계이나 실질적으로 혼인 관계를 졸업한다고 졸혼이라는 색다른 이혼의 모습이 생겨나기도 하였다.

---

18 결혼하지 않고 혼자 사는 것을 선언함
19 결혼관계를 졸업(卒業) 한다는 의미로 법적인 부부관계는 인정하고 각각의 생활을 하는 것
20 자녀들을 모두 결혼시켜서 분가할 때까지 기다렸다가 하는 이혼, 즉 자녀 때문에 이혼을 미루어왔던 것

우리나라의 이혼 등으로 만들어진 한 부모 가정이 〈통계청 2017. 장래 가구 추계:2015~2045〉에 의하면 2016년 2,090,000 세대로 급증하였는데 이는 전체 세대수의 약 10%를 차지하고 있다고 한다. 지금은 더욱 증가하였다고 생각한다.

이는 이혼을 흠으로 여기지 않는다는 풍조가 만연되었다는 것이다. 심지어 살다 보면 갈라설 수도 있지, 어떻게 한 사람만 만나서 살 수 있나? 라는 말들을 쉽게 하고 듣는 경우들이 많아졌다.

결국 지금의 세대에서는 이혼을 심각한 결점이나 단점으로 생각하지 않고 있는데, 기독교인들의 이혼에 대한 생각은 어떠할까 궁금증이 생긴다.

그러면 성경은 어떻게 말하고 있을까?

"이러한즉 이제 둘이 아니요 한 몸이니 그러므로 하나님이 짝지어 주신 것을 사람이 나누지 못 할지니라 하시니"[21]

성경 말씀은 이혼하지 말라고 기록하고 있다.

그런데 현실은 어떠한가?

기독교인들은 이혼을 죄로 생각할까? 하는 것이다.

그러나 현실은 많은 기독교인들도 이혼하고 있는 추세이다.

어느 교회든지 이제는 이혼하면 안 된다는 등의 설교를 마음놓고 할 수도 없고, 비슷한 의미로 말을 꺼낼 수도 없다.

성경을 보면 **"간음한 여인을 데리고 와서는 모세는 돌로 치라 했는데 선생은 무어라 하실 겁니까?"**[22] 라고 예수님을 시험했던 장

---

21 마태복음 19:6
22 요한복음 8:3~5의 내용

면이 있다.

과연 예수님은 이혼에 대하여 무어라 말씀하실까? 라는 상상을 한다.

혹 이런 경우의 질문을 받거나 이혼 문제에 답변해야 할 때 예수님이 땅에 앉아서 무언가를 쓰시다가 **"너희 중에 죄 없는 자가 먼저 돌로 치라"**[23] 하셨던 것처럼, 동문서답 같지만 지혜롭고 현명한 답변은 무엇일까?

이혼하지 않고 혼인 관계가 사랑으로 아름답게 유지되면 얼마나 좋으련만 점점 사람들의 생각은 결혼 자체도 그전처럼 무겁게 생각하지 않는다는 것이다.

교회는, 목사들은 무어라 답변을 해야 할까?

'당신들 마음대로 하세요!' 라고 말하면서 모른 척해야 할지도 모른다.

그런데 이혼을 왜 할까요? 라는 고민을 한다.

결혼을 시작하면서 이혼해야지! 라고 마음먹고 하는 경우는 극히 없다.

"검은 머리 파뿌리가 될 때까지 서로를 사랑하며 용서하며 존중하겠습니까?"라는 결혼 서약을 '잊었다' 할 수는 없다. 그때의 답변 자체가 결혼식의 형식이라 '어쩔 수 없다' 하고 변명을 하지는 않는다. (이럴 때는 오히려 Why not? 이라는 영어 표현이 썩 어울리지만)

---

23 요한복음 8:7

물론 이혼하는 사람들의 이혼사유는 너무나 많다.

그리고 다 고개를 끄덕일 수밖에 없다. 외도, 폭력, 무능, 자녀, 파산, 시댁 및 처가와의 갈등, 오해, 부부싸움, 돈, 자존심, 배신, 무시, 종교 등등 그리고 사랑해서? 라는 말도 안 되는 말로 포장을 하기도 한다.

냉정하게 생각하면 이혼하는 이유는 오직 한 가지, 사랑하지 않는다는 것이다.

사랑은 주는 것일까? 받는 것일까?

사람들에 따라 조금씩 차이는 있을 수 있지만 사랑은 마치 기도 같은 것이다. 즉 주고받는 것이 사랑이다.

사랑을 주는 방법을 몰라서 자신의 방법으로만 사랑을 주려 하니 오해가 생기고 갈등도 되고 용서도 안 되고 한다는 말이다.

사랑은 주되 상대방이 기뻐하고 바라는 방법으로 주어야 한다.

사랑하면 모든 것이 용납될 수 있고, 오히려 긍휼의 마음이 만들어진다.

예수님이 십자가상에서 **"아버지여 저들을 사하여 주옵소서 자기들이 하는 것을 알지 못합니다"**[24]라고 말씀하셨던 것을 잊지 않았으면 좋겠다.

---

24 누가복음 23:34

배우자를 그리고 자신을 너무 몰라서 이혼하는 것이다.

자신을 알고, 배우자를 알려고 해야 한다.

과대 포장하거나 비하도 아닌 있는 그대로의 모습을 보고 이해하는 것이 사랑이라고 생각한다. 서로의 부족한 부분을 채우는 것이, 모자람과 부족함을 인정하고 오히려 그 부분을 아가들의 귀여움 같은 사랑으로 보았으면 한다.

혹 주위에, 교회 내에 이혼하신 분들이 계신다면 그들을 책망하는 것이 아니라 자신을 모르고 배우자를 몰랐던 그 아픔이 얼마나 컸을까를 생각하고 품어주는 사랑이 있어야 한다.

교회는 사람을 살리고 회복시키는 곳이다.

교회는 정죄하는 곳은 더더욱 아니다.

그런데 교회에서 상처받는 사람들이 있을까? 이제 우리만이라도 상처 나고 아픔이 있는 이들을 품는 그런 사람들이 되어야 할 것이다. 그리고 그런 교회가 점점 더 많아졌으면 좋겠다.

5) 나를 하나님이 선택하셨다고 하는데 정말인가요?

하나님의 선택을 알 방법이 있습니까? 라고 묻는 것과 같다.

나를 하나님이 선택하셨다! 라는 것은 하나님의 몫임을 분명하게 알아야 한다. **하나님의 일을 내가 알 수 없다.**

그럼에도 이 질문의 답인 하나님이 나를 선택하셨다는 것은 자신이 알아야 하고 언제일지는 몰라도 분명히 알게 된다.

하나님이 나를 선택하셨다는 것을 알게 되는 시간은 빠르면 빠를수록 좋다. 하나님의 선택하심을 죽기 전에 알게 되는 경우가 있으며 그로 인하여 좀 더 하나님의 뜻 안에서 살지 못한 것에 대해 많은 후회를 하게 된다.

대다수의 사람들이 자기 자신을 잘 모르고 살다가 시간이 많이 흐른 그때서야 자신을 발견하고는 허무하다고 한탄하기도 한다.

그래도 다행인 것은 하나님이 나를 선택하신 것을 알 방법이 있다는 것이다.

자신은 잘 모르지만, 무엇인가 하나님과 닮은 구석이 있다!

하나님과 자신이 닮았다! 라고 생각해본 적이 있는가?

아마도 없으리라고 생각이 된다. 왜냐하면 하나님에 대해서 모르니까, 또한 자기 자신에 대해서도 안다고 착각할 뿐이지 정확히 모르기 때문이다. 그래서 하나님과 자신의 닮음을 알려면 먼저 하나님을 연구해 보는 것이다. 그러다 보면 자기 자신을 조금씩 더 깊이 알게 된다.

오늘 이 시간부터 내가 하나님과 닮았다는 사실을 확인하는 것이다.

그러다 보면 하나님을 보게 되고 하나님의 존재에 대하여 깨닫게 되고 자기의 모습도 더 정확히 알게 된다.

하나님을 닮았다! 라는 말은 무슨 의미일까?

하나님이 사랑하는 자녀라는 말이다.

하나님이 당신의 자녀를 선택하시는 것은 당연한 것 아닌가? 그리고 하나님이 부르신 사람은 아무리 하나님을 부인하려고 해도 부인할 수 없다. 마치 나침반이 어느 위치에 있든 북극성이 있는 북쪽을 가리키는 것처럼 말이다.

하나님이 선택하셨다는 것은 참으로 행복한 일이다.

이제부터 나도 기댈 언덕이 있다는 사실을 인식하는 것이다. 그 기대는 삶은 바로 기도하는 모습으로 나타난다.

그럼 왜 하나님이 나를 선택하시고 하나님의 사람으로 부르셨을까?

여기에는 분명한 이유가 있다.

하나님이 예수님을 이 땅에 보내시고 사람들을 위하여 십자가에서 죽게 하셨지만 삼 일만에 예수님이 부활하셨다는 사실이 전파되는 것을 막기 위하여 사울은 예수님 믿는 사람들을 핍박하는 그 일을 자신의 사명으로 착각하며 살았다. 그날도 다메섹[25]으로 예수님을 믿는 사람들을 잡으러 가는 길에서 사울은 여태껏 보지 못했던 "하늘로부터 오는 빛"으로 나타나신 예수님을 보고 그 음성을 들었다. "당신은 누구십니까?"하고 사울은 물었다. 그 물음에 "나는 네가 박해하는 예수라!"[26]라고 대답하셨다.

그런데 사람들은 사울처럼 극적인 경험을 기대한다는 것이다. 자신도 하나님이 선택하시고 부르실 때 사울이 경험했던 것처럼

---

25 다마스쿠스(다마스커스):사울이 회심한 곳. 삼면이 산악으로 둘러싸인 평지로 해발 685m이며 지금은 시리아의 수도이다. 고대 이집트어로는 T-ms-kw, 고대 라틴어로는 다마스쿠 Dammaśq דמשק, 성경에 기록된 히브리어에는 다메섹(Dammeśeq, דמשק)이라고 번역.

26 사도행전 9:5

말이다.

한번 자기 자신에게 물어보자.

나는 어떤 준비를 하고 있었는가? 어떤 음식을 담을 그릇으로 준비되었는지를 묻는 것이다. 각자의 답은 제각각일 것이다.

사도 바울은 사도 바울대로, 나는 나대로 부르신 이유도 방법도 다르다.

몸은 하나이지만 지체는 여럿이고 각 지체의 할 일과 사명이 다를 뿐이다. 때로는 이름도 빛도 없는 사명과 헌신을 사람들은 몰라도 하나님은 알고 계신다.

하나님을 아버지! 라고 부르고 있다면, 분명히 하나님은 당신을 부르셨고 사랑하시며 선택된 사람이다.

이것 하나만으로도 감사함과 찬양의 삶이 되어야 한다.

이제 그 의심이 확신과 믿음으로 변화되는 은혜가 있기를 간절히 바란다.

6) 억울한 일을 당하면 어떻게 하십니까?

너무 억울한 일을 당하면 울고불고, 소리를 지르기도 한다.

자기 속에 있는 울분을 소리 질러 내뱉는다. 그런데 소리를 지른다고 해서 문제가 해결되는 것은 아니다.

대상을 올바로 찾은 후의 부르짖음이 필요하다.

그 대상이 우리의 아픔을 듣고자 하시는 주님이심을 알고 부르짖음의 기도가 필요하다.

성경은 **"너는 내게 부르짖으라 내가 네게 응답하겠고 네가 알지 못하는 크고 은밀한 일을 네게 보이리라."** [27]

기도하면 하나님은 우리를, 나를 향하신 크고 은밀한 하나님의 계획을 알려주시며 위로하신다.

그 기도는 격식과 체면을 차리지 말고 자초지종을 숨기지 말고 하나님께 말씀드리는 것이다.

기도하다 보면 깨닫는 것이 있다.

내가 하나님께 원하는 것을, 잘못 알고 있는 때가 더 많고 잘못된 요구를 할 수도 있다는 것이다.

이렇게 저렇게 해 달라고 기도하는 것이 먼저가 아니라 자신의 상황을 정확히 하나님께 숨기지 말고 아뢰는 것이 기도의 순서이다.

기도하고 난 후 하나님의 응답을 기다리는가?

하나님이 내 기도를 듣고 들어주실 것이라고 믿는가?

아니면 기도한다면서도 사람을 더 의지하는가?

기도는 하면서도 응답되면 좋고, 응답 안 되도 상관없다고 생각하지는 않는가?

하나님이 도와주시지 않으면 안 된다고 기도했던 다윗의 기도를 기억해야 한다.

---

27 예레미야 33:3

왜 억울하다고 하는 이유를 생각해보았는가?

혹 내가 했다! 왜 나의 공로와 업적에 상응한 대우를 안 해주느냐? 나에게 무슨 잘못이 있느냐는 것이다.

말로는 하나님이 하셨다! 라고 하지만 실상은 내가 했지! 라고 즉 자신의 의를 먼저 앞세우는 것이다. 그래서 억울하니 분노하고 복수를 계획하고 좌절하고 망가지고 심한 경우 자기 목숨을 죽음으로 몰고 가기도 한다. 그러면 누구에게 손해가 될까?

예수님도 바리새인[28]과 사두개인[29], 서기관[30]에게 시험당하셨다.

예수님이 시험을 받으실 때, 십자가에 달리실 때 억울할까요? 당연하다 생각이 들까요?

진정한 위로는 위로부터 오는 것이다.

그러나 우리는 위로를 어디에서 받으려고 하고 있는가?

흔히들 세상을 총성 없는 전쟁터라고 말한다. 전장에서의 위로는 없다. 정복과 진멸 그리고 복수뿐이다.

세상은 우리를 결코 위로하지 못한다. 위로보다는 이용하려고

---

28 '바리새(Pharise)'라는 말은 "분리된 자"라는 의미의 히브리어 "페루쉼 (Pherushim)"에서 나온 말이다. 이스라엘이 그리스(헬라)와 로마 문화가 융합된 이방 문화의 영향을 받았던 헬라시대에 이스라엘 고유의 전통과 문화, 그리고 이스라엘의 고유 야훼 신앙이 점차적으로 약해지는 것을 우려하여 모세오경(토라 또는 율법)의 가르침을 문자적으로 준수하는데 철저함을 보였던 유대교의 종파

29 사두개인은 육신의 부활과 사후심판, 천사의 존재를 믿지 않았으며, 따라서 "메시아의 오심" 등에 대해선 거의 관심이 없 던 이들은 철저한 정치적, 물질적, 실리주의자들로 관심은 오직 현실에 묶여있던 유대교의 종파

30 구약성경의 서기관(書記官)은 히브리어로 '쏘페르'로 '기록하다'는 의미이며 국가 관리를 가리키는 명칭으로 사용되기도 했지만(왕하 18:37; 스 4:8) 모세오경 등 성경을 필사하고 하나님의 율법을 가르치는 사람을 가리키는 명칭으로도 사용

하고 속이려 한다.

위로는 하나님의 사랑으로 하늘로부터, 말씀으로부터 오는 것이다.

원통함, 마음의 아픔을 감사로 바꾸는 은혜가 필요하다.

하나님은 이러한 자들을 찾으신다.

하나님이 계신 곳에서 위로를 받고 마음에 평안이 임하려면 조용히 무릎 꿇음이 있어야 한다.

필자도 정의를 외치다가 기존 세력의 힘에, 조직의 힘에 그리고 몸담았던 사람들의 배신에 처음에는 당황해하고 원통하고 아파했던 기억이 있었다.

기독교인이라는 사람들의 위선이 무서웠고 그 가증스러움에 얼마나 몸서리를 쳤던지, '주님! 저에게 왜 이러십니까?' 하며 욥의 마음이 깨달아지고 예수님을 팽개치고자 하는 유혹까지 있었다. 세상 살기가 싫어졌던 시간도 있었다. 그러다가 정신을 차리고 보니 **"내가 사망의 음침한 골짜기로 다닐지라도 해를 두려워하지 않을 것은 주께서 나와 함께하심이라 주의 지팡이와 막대기가 나를 안위하시나이다."**[31]라는 말씀으로 위로를 받았다.

그리고는 새로운 비전이 생기기 시작했고 내가 했던 것이 아니구나! 라는 깨달음과 회개가 나왔다. 그런 후 의인들이 나를 감싸두르는 은총이 보이기 시작했다.

---

31 시편 23:4

우리가 위로받을 것은 오직 말씀, 오직 복음뿐이다.

7) 믿음을 쉽게 말하면!

믿음이 무엇일까?

믿음이란 말을 들으면 제일 먼저 떠오르는 것이 있다면 아마도 그 사람은 믿음의 사람이라고 생각한다. 왜냐하면 **"믿음은 들음에서 나며 들음은 그리스도의 말씀으로 말미암았느니라"**[32]는 성경 말씀을 알기 때문이다.

믿음이라는 단어는 성경에 총 245번 기록이 되어 있는데 구약에 1번 **"의인은 그의 믿음으로 말미암아 살리라"**[33] 그리고 신약에 244번이 기록되어 있다. 이것은 믿음이란 십자가를 통해서, 즉 예수님을 통하여 믿음으로 의인이라 칭함을 받는 하나님의 선물을 말하는 것이다.

믿음이란 예수 그리스도를 믿는다!, 그리스도의 말씀을 믿는다!, 예수님의 십자가 구원의 복음을 믿는다는 것으로 정리한다. 즉 믿음의 대상은 오직 예수 그리스도뿐이라는 것이다.

혹 어떤 분들은 교회를 믿어요! 라고 하는데 교회는 믿음의 대상이 아니다. 교회, 특히 목사와 장로도 믿음의 대상이 아니다. 만약 사람을 믿음의 대상으로 삼는다면 이는 이단일 가능성이 많다. 이만희(신천지), 박태선(전도관), 안상홍 (하나님의교회), 유광수의

---

32 로마서 10:17
33 하박국 2:4

다락방, 문선명(통일교), 정명석(JMS), IYF 등 모두가 사람이 교주이고 믿음의 대상이기에 이단이라는 것이다. 혹 기성교회도 사람이 믿음의 대상이 되면 이는 타락한 천사처럼 사탄의 하수인으로 전락하게 됨을 우리는 놓치지 말아야 한다.

지금 자신이 다니는 교회의 지도자가 교주와 같은 성향이 있다면 어서 빨리 그곳에서 나와야 한다. 이유는 잘못된 믿음을 갖게 되고 자신도, 가정도, 현실도, 미래도 파괴되는 그런 상황으로 치닫게 됨을 깨달아야 한다.

사람은 믿음의 대상이 아니라 용서와 사랑의 대상이다.

지금을 성령의 시대라고 하는데, 성령의 시대에는 예수님이 보내신 보혜사 성령을 믿는 것이다. 사실 보혜사 성령의 정체도 하나님이고 예수님이지만 다만 그 하시는 역할과 사역이 다를 뿐이다.

보혜사 성령님을 믿는다는 것은 참으로 어렵다.

그 첫 번째 이유가 성령님은 보이지 않는다는 것이다.

보이지 않는 성령 하나님을 어떻게 보며 그 음성을 어떻게 들으며 어떻게 구별하는가 하는 것이 문제이고 보통은 너무 어렵게 생각한다는 것이다. 일반 특정한 사람들에게만 성령님이 임하는 것이라는 잘못된 생각을 갖고 있는 것은아닐까 하는 안타까움이 있다. 가끔 '내가 뭐라구' '나 같은 죄인이'라고 자기 자신을 비하하는 사람들이 의외로 많은 듯하다.

그러나 사실 성령님이 말씀하시는 음성과 메시지의 구별은 그렇게 어렵지 않다. 조금의 시간만 지나면 열매로 구별하게 됨을 알게 된다.

당장 구별하고 싶다면 이런 특징을 살펴보면 된다. 사람을 살리고 가정을 살리고 회복시키는 일이 하나님의 일이다. 반면에 이단은 부수고 나누고 파괴하고 속이고 거짓말하고 모략하고 분열시키며 사람을 죽이는 일을 한다.

이런 구별이 어려운가?

즉 열려 있는 투명함과 정함이 하나님의 방법이고 깜깜하고 칙칙하고 닫혀있고 당당하지 못한 모습이 이단, 사이비의 모습이다.

기독교는 이성과 지성을 부정하는 것이 아니라 이성과 지성을 넘어서는 것이다.'[34]

결국 믿는다는 것은 하나님의 말씀대로, 마치 유월하는 것처럼 이성과 지성을 뛰어넘는 성령님의 가르침대로 행하는 것이다.

그래서 그 행함에 기적도 일어나고 성령님의 은총도 있다.

믿음의 장이라 불리는 히브리서의 말씀은 **"믿음은 바라는 것들의 실상이요 보이지 않는 것들의 증거니"**[35]라고 기록하고 있음을 잊지 말자.

믿음은 진짜!, 성경은 믿음을 실상, 증거라고 말씀하고 있다.

믿음을 믿음 되게 하는 것은 우리 자신이다.

그 예를 아벨, 에녹, 노아, 아브라함, 사라, 이삭, 야곱, 요셉, 모

---

34 이어령: 지성에서 영성으로(2013) 제2부 하와이에서 발췌
35 히브리서 11:1

세, 기생 라합, 기드온, 바락, 삼손, 입다, 다윗, 사무엘 등을 들어 믿음으로 생을 살다간 사람들을 성경은 보여주고 있다.[36] 믿음으로 꿈을, 소망을, 계획을 현실의 열매로 만들었던 사람들이다.

믿음으로 하나님의 세계를 본다.

하나님의 세계가 어디에 있을까?

지금 우리가 숨 쉬고 먹고 마시고 잠자는 이 공간이 하나님의 세계이다. 더 엄밀하게 말하면 이 세상을 만드신 분이 하나님이시니 온 우주와 자연 모두가 하나님이 만드신 작품이다. 그 작품 가운데 가장 탁월한 작품은 사람, 바로 우리, 당신 자신이다. 즉 믿음으로 하나님의 세계를 본다는 것은 사람을 본다는 것이다.

하나님이 사랑하시는 사람을 존중히 여김이 하나님을 보는 것이다.

무너진 사람을 일으켜 세우고 회복시킴이 하나님의 일이고 하나님이 가장 기뻐하시는 일이다. 오죽하면 당신 자신이면서도 독생자 예수님까지 사람을 구원하시려고 이 땅에 보내셨을까? 그리고는 보혜사 성령님까지 지금 이 땅에 보내셨다.

그리고 하나님의 세계를 보는 사람은 그 삶이 바뀌게 된다. 이것이 증거이다. 그래서 하나님의 세계를 보는 믿음의 사람은 그 삶을 믿음이라고 하는 것이다.

믿음은 거룩하고 경건한 순종의 삶이다.

우리는 삶의 목적이 있다.

---

36 히브리서 11:4~40에 기록된 믿음의 사람들

어쩌다 나의 선택 없이 이 세상에 보내진 우리는 어찌해야 할까? 이것이 우리들의 고민이 되어야 한다.

그저 먹고 살려고만 살아야 할까? 목숨 부지가 제1차적인 목표로라면 인생이 너무 허무하지 않을까?

우리의 삶은 하나님이 계획하셨고, 믿음으로 하나님의 계획을 보고 순종하는, 복된 삶이 되는 은총의 주인공이 우리가 되는 것이다.

이것이 믿음이다.

그렇기에 믿음의 사람은 기도하고, 기대하고, 기다리며 기적을 만드는 것이다.

믿음이 있어야 기도한다,

믿음이 있어야 하나님이 어떻게 응답할지를 기대한다. 그리고 믿음이 있어야만 하나님이 꼭 응답하심이 언제일지 모르지만 기다리며 기적을 만드는 것이다.

믿음, 즉 신앙고백의 핵심은 예수 그리스도라고 하였던 베드로의 신앙고백이다.[37] 이러한 고백이 반석이 되고, 그 반석 위에 주님의 교회가 세워지고 음부의 권세를 이기는 것이다.[38] (히브리서 11:1~3를 중심으로)

---

37 박영득: 〈복음(예수님의 질문)〉에서 편집 발췌
38 마태복음 16:18

8) 삶에 본이 되지 못해서

세상 사람들은 예수님을 믿는 신앙인이라고 하면 좋은 사람일 것이라고 기대하는데 이것이 부담이다.

물론 거의 모든 사람은 좋은 사람이 되고자 한다.

의도적으로 나쁘고 악한 사람이 되고자 하는 사람은 없을 것이다.

그런데 자신을 돌아보면서 다른 사람들에게 본이 된다고 사도 바울처럼 **"나를 본받는 자가 되라"**[39]라고 할 사람이 얼마나 될까?

삶이 본이 되지 못해서, 죄 때문에 교회에 못 나온다는 사람들은 그냥 방치해버리고 그렇게 살다가 죽으라고 할까?

혹시 이 글을 읽는 사람 중에 나는 죄를 많이 지어서! 삶에 본이 되지 못해서! 라고 자신을 생각하는 사람은 없을까?

자신의 삶을 돌아보며 자신에게 질문을 던지는 사람은 이미 본이 되는 인생을 사는 것이다.

이런 사람이 예쁜 사람이고 잘생긴 사람이다.

세상은 외모를 보고 예쁘다! 잘생겼다! 라고 하지만 살다 보면 외모보다 생각이 예쁘고 잘 생겨야 한다는 것을 금방 깨닫게 된다.

그것이 자신을 돌아보는 모습이다.

사도 바울은 **"나를 본받는 자가 되라!"**라고 말했지만 정작 자기

---

39 고린도전서 4:16

자신은 **"죄인 중에 내가 괴수니라"**[40]라고 고백하는 것을 보면 정말 모순되는 말이다.

우리는 그 모순 속에 살고 있으며 이것이 인생이다.

아니 그럼 죄인 중의 괴수인 모습을 본받으라고 하는 것인가? 라는 엉뚱한 생각을 하다가 픽 웃고 만다.

분명한 것은 많은 사람에게 존경을 받는 사람도 자기 자신은 사도 바울처럼 "죄인 중의 괴수"라고 생각하기가 더 쉽다.

예수님은 말씀하셨다. **"수고하고 무거운 짐 진 자들아 다 내게로 오라 내가 너희를 쉬게 하리라."**[41]

누구나 짐을 지고 사는 인생이다.

그것이 책임감이든 사명이든 욕심이든 막론하고 책임감이란 짐, 사명이라는 짐, 욕심이라는 짐을 이제 내가 다 짊어지고 고민하지 말고 주님께 맡겨보는 것도 좋은 방법이 아닐까 한다.

언제 어디서나 누가 보든지 본이 되는 삶을 살 수 있을까? 속된 말로 죽었다 깨어나도 못할 수도 있다. 그래서 내 힘으로만이 아닌 주님의 힘을 빌리고 주님께 내 짐을 맡겨 놓는 것이다.

혹시 본이 못 되어서!라는 말은 이제 핑계일 수 있다.

신앙생활 자체가 두려운 것은 아닌지?

지레 겁먹고 해 보지도 않고 포기하려는 마음이 먼저는 아닌지? 그런 마음이 아니라면 도전하는 것이다.

---

40 디모데전서 1:15
41 마태복음 11:28

성경에서, 교회에서 말씀하고 가르치는 대로 기도해보는 것이다.

한번 속는 셈으로 열심히 신앙생활을 해 보는 것이다.

기독교는 그렇게 수많은 핍박과 박해 속에서도 심지어 죽음으로 지켜내었고 지금까지 이어져 내려오며 지금 우리 앞에 손을 내밀고 있다.

아직도 좋은 사람으로 영향력 있는 사람이 되고 싶다면 내 힘만으로는 힘이 들지만, 주님과 함께라면 훨씬 아름다운 열매를 만들어 내지 않을까?

많은 학자들과 매스컴은 우리나라에서 당대의 석학으로 이어령 박사를 꼽는다. 그는 하나님의 존재에 대하여 이렇게 말한다.

"막 사는 인생은 의외로 어렵지 않습니다. 먹고 싶은 대로 먹고, 자고 싶은 대로 자고, 놀고 싶은 대로 놀고, 하고 싶은 일만 하며 살 수 있을지도 모릅니다. 과연 즐거움이 기쁨이 보람이 있을까?"[42] 라는 질문을 던지라고 한다.

본능대로 사는 인생은 짐승에 가깝다.

사람이기에 내가 바르게 살고 있나? 라는 질문을 하는 것이고 내 힘으로는 감당하기가 어려워 피하지 않고 주님 손을 붙드는 것이다.

---

42 이어령 교수의 마지막 인터뷰 내용

내 손이 더럽다고, 내가 가진 것이 없다고 주님이 내 손을 뿌리칠까? 세상 사람들은 그럴 수 있다.

"내가 사망의 음침한 골짜기로 다닐지라도 해를 두려워하지 아니함은 주께서 나와 함께하심이라 주의 막대기와 지팡이가 나를 안위하시나이다."[43]하는 고백이 바로 자신의 고백이 되었으면 한다.

이 세상의 사람들은 모두가 제각각이다. 한날 한 뱃속에서 태어난 쌍둥이도 다르고, 형제자매도 다르다. 다른 사람이 내 마음과 같기를 기대하기란 정말 어렵다.

다른 사람에게 너무 많은 기대를, 너무 많은 신뢰를 하지 않는 것이 상처를 줄이는 방법이기도 하다. 내가 무심코 던지는 말 한마디에 누군가는 상처가 되어 비수처럼 꽂힐 수도 있음을 알아야 한다.

사람은 결코 믿는 존재가 아니라 사랑해야 할 존재이다.

그런 우리를 자격이 있어서 주님이 부르시는 것이 아니라, 사랑하시기에 부르신 것이다.

9) 신앙생활은 언제까지?

느닷없는 질문을 받았다.

"신앙은 언제 필요해요? 그리고 언제까지 교회 다녀야 해요?"

---

43 시편 23:4

참 당황스러웠다! 그래서 떠듬떠듬 이렇게 대답했다.

"신앙은 삶이 되어야 하고 교회는 죽을 때까지 다녀야지!"라고
말입니다. 그런데 그 대답을 들은 성도는 이해되지 않은 얼굴로
돌아갔다.

그 당시에는 너무 어렵고 그 마음에 차지 않는 확실한 답을 하지
못했던 것 같다. 이제야 그 답을 하고자 한다.

올림픽 종목 중에서 제일 힘이 드는 종목은 마라톤[44]이라고 하
면서 인생에 비유하기도 한다. 올림픽의 꽃이라 불리는 마라톤
은 42,195Km를 쉬지 않고 달려야 하기 때문이다. 그럼 굳이 왜
42,195Km를 달리는가? 거기에는 정해진 이유가 있다.[45]

그러나 전 세계에서 유일하게 마라톤을 금기로 여기고 있는 국
가가 있는데 바로 이란이다. 이란은 마라톤의 근원이 되는 마라톤
전쟁에서 패배했던 페르시아의 후예로 당연히 치욕스러운 역사를
되풀이하고 싶지 않았기 때문에, 1974년 테헤란 아시안게임에서
마라톤 종목은 거두절미하고 아예 거론조차 되지 않았던 에피소

---

44 기원전 490년 아테네 북동쪽에 있는 마라톤 광야에서 그리스를 침략해온 페르시아
군을 격파했을 때 그리스　군의 병사가 승리를 알리기 위해 약 40km를 달려 '우리는
이겼노라'고 아테네 시민들에게 알리고 그 자리에 쓰러져 숨졌다고 하는 고사에서 유
래하여 만든 최장거리 육상종목

45 1896년 근대올림픽 제1회 아테네대회부터 육상의 정식종목으로 채택되었고, 마라
톤에서 아테네의 올림픽 스타디움까지의 코스를 달렸는데 이때의 거리는 후일 실측해
보니 36.75km로 밝혀졌으나, 제7회 올림픽까지는 대회 개최지의 여건에 따라 통일
된 거리가 아닌 40km 전후를 달렸지만 1924년 제8회 파리 올림픽대회를 앞두고 마
라톤경기의 거리를 일정하게 통일하자는 의견이 대두되었고, 1908년 제4회 런던 올
림픽대회 때 윈저궁전에서 올림픽 스타디움까지의 거리 42.195km를 마라톤의 정식
거리로 채택하게 되었다.

드도 있었다고 한다.

그럼 마치 마라톤 경기 같은 험난한 세상을 어떻게 살아야 할까? 하는 것이 예수님을 믿는 우리의 숙제이다.

가끔 매스컴에서 범죄자들을 기자가 사진 찍을 때의 모습은 거의 대동소이하다. 죄인의 특징은 고개를 푹 숙이고 자신의 얼굴을 가리고 있다. 그 이유는 부끄러운 것이다. 가끔 고개를 빳빳이 쳐들고 내가 뭘 잘못했냐고 고래고래 소리를 지르며 발악하는 모습도 있기는 하지만 보통은 죄를 지으면 숨기 바쁘고 도망치려고 하고 그러다가 잡히거나 죄가 드러나면 고개를 숙이고 얼굴을 가리게 된다.

나는 어떠한 모습일까? 얼굴을 당당히 들고 주님 앞에 설까? 아니면 쥐구멍이라도 찾을 기세로 고개를 푹 숙이고 주님과 눈을 마주치지 않으려 할까?

"내가 산을 향하여 눈을 들리라 나의 도움이 어디서 올까 나의 도움은 천지를 지으신 여호와에게서로다"[46] 라는 말씀은 이스라엘 사람들이 예루살렘 성전에 올라가면서 불렀던 노래이다. 시편 기자는 "눈을 들라" 그리고는 예루살렘과 시온 산을 바라보겠노라 그렇게 다짐한다.

참 당당한 모습이다.

이스라엘 사람들은 거의 1년에 한 번은 온 가족이 다 함께 힘들

---

46 시편 121:1~2

게 제물을 이고 지고 끌고 예루살렘에 오는데 자신들의 죄를 하나님 앞에서 용서받으려 하는 속죄제를 드린다. 비록 죄인 된 이스라엘이지만 예루살렘 성에서의 속죄제는 자신들의 죄를 씻어주실 주님을 바라보는 기대와 믿음이 있기 때문이다.

마치 우리도 이스라엘 사람들처럼 하나님 앞에 선 속죄제를 드리는 예배자들이 되어야 한다. 모세의 놋 뱀을 바라보았던 이스라엘이 구원을 받았던 말씀을 기억하라는 말이다.

지금에도 우리는 눈을 들고 주님을 바라보는 것이 필요한데 이것이 예배이다.

이스라엘은 하나님과 싸워 이겼다! 라는 의미를 품고 있다.

하나님이 야곱에게 주신 이름이고, 야곱의 12지파는 이스라엘의 지파로 확대되고 번성하였다.

신앙을 가졌다고 하지만 우리가 하나님과 싸워서는 아무리 힘을 다해도 이길 수 없다. 그래도 우리는 하나님을 이겨야? 한다. 자신이 없어서 고개를 푹 숙이는 것이 아니라 하나님을 이겨보겠다! 라는 믿음을 가지고 당당 하라는 것이다.

지금부터 우리가 하나님과 싸워 이기는 방법을 감히 말한다.

하나님과 싸워서 이길 힘이 있으면 그 어떤 것도 이겨낼 수 있다.

그럼 어떻게 싸우면 하나님을 이길 수 있을까?

가장 쉬운 방법은 믿음의 순종이다.

애굽에서 박해와 핍박 속에 살던 이스라엘 사람들은 하나님께 살려달라고 부르짖었고 모세의 말대로 자신이 있는 집 문설주에 어린 양의 피를 바르고 죽음의 사자를 피할 수 있었다.

순종이라는 믿음 외에는 이길 방법이 없다.

전능자이신 하나님을 우리가 무슨 재주와 지혜와 힘으로 이길 수 있을까?

어린 양의 피! 즉 예수님의 십자가 믿음으로 이기는 것이다. 아니 더 정확히 말하면 주님이 예수님의 십자가 피를 보시고는 져 주시는 것이다.

그러면 우리는 이스라엘이 되는 것이다.

필자는 가끔 아이들의 이름을 지어준 적이 몇 번 있다.

이름을 지어준다는 의미는 그 이름처럼 살기를 바라는 소망이 담겨 있다. 그중에서 제일 잘 지어준 이름은 지원이다.

그 의미는 **"지금부터 영원까지 지키시리라"**[47]는 기도가 담겨 있다.

사실 이 말은 주님과의 동행이라는 것이다. 주님과의 동행! 참으로 행복할 것 같다.

마라톤같이 힘들고 포기하고 싶은 길을 주님과 동행하는 신앙생활은 복 있는 사람으로 살 것이다.

주님과의 동행이 진짜 신앙생활이다.

지금 우리는 누구와 무엇과 동행하고 있는가?

혹 돈과 동행하고 있나요? 명예, 학력, 세상의 잣대, 등등! 우리

---

47 시편 121:8

가 지금 무엇과 누구와 동행하기를 좋아했나를 돌아보아야 한다. 그래서 혹여나 주님 말고 이 세상의 것들을 바라보며 신앙생활을 하고 있나? 점검하여야 한다.

마라톤 평야를 달리는 그리스 군사는 우리가 승리했다! 라는 기쁨의 소식을 전하기 위하여 아테네만을 바라보면 쉬지 않고 달려서 그 기쁨의 소식을 전하고는 그만 기진맥진하여 쓰러져버렸다.

그 이후로 마라톤은 지금도 올림픽의 꽃으로 불리며 그때 달렸던 그 거리를 후세의 사람들이 함께 달리는 영광의 주인공이 되는 것이다.

지금부터 영원까지! 하나님이 이스라엘 된 우리를 지키신다.

우리는 처음부터 이스라엘이 아니다. 예수님을 전한 사도 바울의 이방 선교로 말미암아 이스라엘은 아니지만, 누구든지 예수를 믿기만 하면 베푸시는 은혜로 이스라엘로 칭함을 받은 것이다.

지금부터 영원까지는 이스라엘에게만 주시는 특권이다.

쓰러질 것 같고, 포기하고 싶고, 언제 끝나나? 하는 생각이 드는 인생길이지만 주님과 동행하면 이겨낼 수 있다. 뜨거운 태양도 때로는 밤의 권세도 주님이 지키시면 우리를 쓰러뜨리지 못한다. 칠흑 같은 어둠일지라도 희미한 빛 앞에 물러가는 것을 잊지 말자!

우리의 인생길도 시온을 바라보면서 주님과 동행하며 힘들고 어렵지만, 끝까지 완주하는 우리를 주님이 뒤에서 딱 버티고 계시니 주눅 들지 말고 눈을 들고 가야 할 길을 바라보며, 야곱처럼 지혜롭게 모든 위험과 고통도 이겨내는 우리를 주님이 지키실 줄로 믿는다!

이러한 고백의 주인공이 **바로 당신! 저와 여러분들이** 되기를 기도한다.(시편 121:1~8을 중심으로)

10) 예수 믿으면 복 받는다고 하는데 왜 어렵게 사는 사람들이 많아요?

복(福)은? 지금의 질문은 고쳐야 한다.

예수 믿으면 복을 받는다고 하는데 어떤 복을 말하는 것인가? 라고 말이다.

복은 세상사람 누구나 원하는 것이다.

복은 말 그대로 복이다.

그런데 복은 사람에 따라서 상황에 따라서 복이 아니라 화(禍)도 되기도 한다, 즉 복이라는 개념은 주관적인 생각이다.

우리나라에 기독교가 전파될 당시에 **'예수 믿고 복 받으세요!'** 라고 말했었다. 그럼 복 받으세요! 라고 말하는 사람의 복과 복 받는다! 라고 듣는 사람의 복은 다르다는 것이다. 이것이 신앙의 차이다.

복에는 물질적인 것도 있지만 비물질적인 것도 있다.

보통의 복은 눈에 보이고 확인이 되는 것이지만 진짜 복은 눈에 보이지 않기에 복이라고 하는 것이다.

복을 싫어하는 사람은 없다. 이 세상 사람들 모두 동서양을 막론하고 복을 싫어하는 사람이 있을까? 여러 사람이 함께 누리는 복도 있지만, 복은 자신을 위한 혼자만이 누리는 선물이기도 하다. 굳이 이 세상에서 말하는 복은 언급을 안 해도 너무나 잘 알고 있다.

병원에 가면 가끔 볼 수 있는 글귀가 있는데, "돈을 잃는 것은 조금 잃는 것이지만 건강을 잃는 것은 전부를 잃는 것이다"라고 쓰여 있다. 물론 병을 치료하는 병원에서 쓰는 것이기는 하지만 공감이 가는 것은 사실이다.

세상의 복이라는 것이 이렇다. 하나를 얻으면 하나를 잃게 되는 경우를 어렵지 않게 주위에서 얼마든지 볼 수 있다.

안 먹고, 안 쓰고, 아파도 병원에 안 가고, 안 입고, 여행 한 번 못 가고 등등 열심히 정말 열심히 살다 보니 아이들도 잘 자랐고 집도 한 칸 마련했고 이제는 어느 정도 먹고 살 만하다고 자신에게 수고했다고 그렇게 자화자찬(自畫自讚)하는데, 덜컥 병이 나서 그동안 모았던 재물 등을 모두 처분하며 투병 생활하는 사람들을 혹시 보았던 적은 없는가? 일반화할 수 없는 이야기지만 비일비재한 우리 주변에 있는 사람들의 삶의 아픈 이야기이다.

복의 종류는 재물의 복, 권세의 복, 장수의 복, 자녀의 복, 인(人)복, 건강의 복, 치아의 복, 남편의 복, 아내의 복, 조상의 복, 오(五)복[48] 등등 이상 열거할 필요도 없다.

문제는 우리가 원하는 복이 끝이 있을까? 라는 것이다.

---

48 다섯 가지의 복이라 말하는 복의 종류를 말하는데 〈書經 1편 洪範〉에서 말하는 오복: 壽, 富, 康寧, 攸好德, 考終命과 현대의 오복: 건강한 몸, 배우자, 재산, 일, 친구를 서민들이 말하는 오복: 치아, 자손, 부부해로, 손님 대접할 정도의 재산 등 조금씩의 차이가 있지만 중요한 것은 복된 삶을 살고 싶다는 소망이 담겨져 있다.

외래 전래동화에서처럼 3가지의 복을 고르라고 하면 과연 어떤 복을 고를까?

복은 내 힘으로만 이루어진다면 복이라고 말할 수 없다.

내 힘에 + (플러스) 알파 (무엇) 있어야지 복이라고 하는 것이다.

그럼 성경에서 말하는 복에 대하여 말하면서 꼭 당부하고 싶은 것이 있다.

예수님을 믿으면서 정말로 원하는 복이 무엇인지를 알게 되기를 소망한다.

복! 하면 하나님의 말씀 즉 복음(福音)이고 **복의 소리**[49] 라는 말이다.

즉 하나님이 주시는 가장 큰 복의 소리는 구원이다.

마태복음은 복의 시작을 천국을 그리고 복의 끝도 천국이라고 예수님의 말씀을 기록한다. 왜 복의 시작을 천국이라고 한 것인지에 유의하여야 한다. 그리고 복의 끝도 천국이라고 말씀하신 것도 놓치지 말아야 한다.

그 이유는 의외로 **"복 있는 사람은…"**[50] 이라고 시작하는 시편의 말씀은 복을 이렇게 말한다.

지금 어디에 서 있는지가 복의 시작이라는 것이다.

악인들의 꾀를 따르고 있는지, 죄인들의 길에 있는지, 오만한 자들의 자리에 있는지 아니면 하나님이 주신 말씀과 가르침을 기뻐

---

49 복음을 풀이한 것으로 성경에서 대표적으로 복이 있는 사람을 마태복음 5:3~12 에 기록하고 있다.
50 시편 1:1

받으며 내가 가야 할 길을 주신 말씀에 따라 살겠노라고 마음속으로 생각하고 있는지 말이다.

사람의 인생을 나그네의 길이라고 비유를 하기도 한다.

필자는 인생을 소풍 같은, 광야길이라 생각한다. 사람마다 광야를 넘는 방법이 다르겠지만, 그러나 나침반이 있다면, 광야지도가 있다면 좀 쉽게 광야를 넘을 수 있다.

내가 지금 어디에 서 있는가? 에 따라서 복 있는 사람으로 악인들로 구별 받음을 간과하지 말기를 바란다.

복이 있는 사람이 되어 의인의 모임에 드는, 즉 천국(하나님 나라)의 자녀로 영원한 생명을 누림이 진정한 복이라고 성경은 말씀하고 있다. 그 반대의 길에 서 있다면 추수할 때가 되어 나락이 되어 키나 탈곡기에 털려져 마치 바람에 나는 겨처럼 어디로 가야 할지를 몰라 방황하다가 심판을 견디지 못하고 울부짖음 속에서 한탄하고 있다! 고 성경은 노래하고 있다.

이제 여러분들의 선택에 달렸다.

진정한 복이 무엇인지를 깨달았다면 지금까지의 삶의 모양은 벗어 버리고 복 있는 사람으로 살아야 한다. 그래서 예수님이 우리에게 오셨고 그 모든 죄를 위해서 십자가 죽음으로 대신하셨고 다시 살아나심으로 증거 삼으셨다.

복! 은 하나님 나라를 우리에게 선물로 주신 것이다.

그리고 이 세상에서 말하는 복은 마치 보너스처럼 주어지는 것이다.

복 있는 사람! 으로 사는 삶이 복이다.

11) 자살! 구원받지 못하는 죄인가요?

자살하면 구원받지 못한다고 하는데 자살이라는 것은 얼마나 큰 죄인가? 정말 죄인가?

월권이라는 말을 이야기 하고 싶다.

내가 하지 말아야 할 일을 하는 것이 월권이다. 즉 정죄가 우리의 몫이 아니라는 것이다. 양심을 삶의 기준으로 삼는 우리는 그 일이 잘한 것인지 아니면 잘못한 것인지를 알고 있다. 그러나 그것도 자신의 기준일 뿐이다.

정죄란 죄를 정하는 것이다.

그리고 죄를 용서해 주는 것도 우리의 몫은 아니다. 다만 죄라고 판결하여 벌을 주고 죄를 용서하는 방법은 사람들 간의 평안을 유지하고 사회를 유지하는 것이기 때문이다.

우리에게는 죄를 용서할 권한도 죄라고 정죄할 권한도 없다는 것이다.

그런데 자살하는 것을 기존 교회에서는 구원도 받지 못할 죄라고 말하고 있는 것은 현실이다.

결론부터 말하면 자살은 죄가 아니라 병이다.

우리가 속칭 말하는 정신병은 병이 아니라고 생각하려는 이상한 논리에 붙잡혀 있다. 그러나 대부분의 자살은 우울증의 결과일 때가 너무나 많다. 우울증은, 더 심해지면 조울증이라고도 하는 정신질환이 된다. 육체의 병만이 병이 아니라 정신의 병도 병! 이라는 생각을 우리는 놓치고 있기에 그렇다. 정신적인 질환으로 자신의 목숨을 끊는 일! 얼마나 어려운 일일까? 그러나 우울증이라는 병은 자살을 쉽게 하도록 한다. 그러나 우리는 자살자를 정죄하고 있다. 물론 그 가족들과 가까운 지인들은 다른 어떤 죽음보다 받아들이기가 어렵다. 얼마나 힘들었으면 그렇게 할 수밖에 없을까 하며 불쌍히 생각해야 함에도 말이다.

우리나라도 존엄사[51]와 안락사[52]를, 의료 기구로 생명 연장하는 시술을 거부하거나 스스로 죽음을 선택할 수 있는 법이 마련되었다.

그것에 대한 논란은 있지만 엄밀하게 따지면 그것도 자살의 일종이라고 생각한다.

자살은 죄가 아니라 질환일 뿐이다.

그렇다면 불치병 등으로 죽으면 구원받고 자살로 죽으면 구원 못 받는다! 는 말은 무엇인가 논리적으로도 맞지 않는다.

성경을 너무 사랑하시는 분들은 생명에 대한 권한은 하나님의 권한인데 사람이 스스로 하나님의 권한을 사용하는가? 라고 책망을 한다.

---

51 호스피스 · 완화의료 및 임종과정에 있는 환자의 연명의료결정에 관한 법률 (약칭: 연명의료결정법) [시행 2017. 8. 4.] [법률 제14013호, 2016. 2. 3. 제정] 이 법은 호스피스·완화의료와 임종과정에 있는 환자의 연명의료와 연명의료중단 등 결정 및 그 이행에 필요한 사항을 규정함으로써 환자의 최선의 이익을 보장하고 자기결정을 존중하여 인간으로서의 존엄과 가치를 보호하는 것을 목적으로 한다. 참조: daum백과
52 존엄사가 자기결정을 존중하는 것이라면 안락사는 의사가 회복의 가망이 없는 중환자의 고통을 덜어주기 위하여 인위적으로 생명을 단축시켜 사망케 하는 의료행위로 약간의 차이가 있다.

그럼 이런 성경 말씀은 어떨까?

"그러므로 내가 너희에게 이르노니 사람의 모든 죄와 훼방은 사하심을 얻되 성령을 훼방하는 것은 사하심을 얻지 못하겠고"[53]라는 말씀을 기억하길 바란다. 이 말씀은 성령을 훼방하는 죄 외에는 구원받을 수 있다는 것이다.

그러므로 자살은 구원받지 못한다! 는 말이 아니라 자살도 구원받을 수 있는 죄일 뿐이다.

그렇다고 자살을 해도 된다고 허락하는 것이 아니다. 우리가 누구이기에 허락할 권한이 어디 있단 말인가?

그리고 교회는 자살! 을 예방해야 하고 이 일에 앞장서야 한다. 그렇다고 '자살은 구원받지 못한다!'라고 성경 왜곡이라는 우를 범해서도 안 된다.

낙심과 포기, 세상으로부터 도망하려는 마음으로 자살 외에는 탈출구가 없다고 생각하는 사람에게 자살! 하지 않도록 주님의 말씀으로 소망을 주고 일으켜주고 힘을 주고 함께 돕는 교회가 되었으면 한다.

교회는 생명을 회복시키고, 살리고, 영혼까지 구원하는 곳이다.

12) 하나님이 나를 미워하시는 것 같아요

"미운 자식은 떡 하나 더 주고 예쁜 자식은 매 한 대 더 준다!"라

---

53 마태복음 12:31

는 말이 있다.

자녀는 이 말을 수긍하기가 어렵다. 예쁘면 떡 하나 더 주어야지! 왜 아픈 매를 더 주냐는 말이다. 그래서 자녀와의 갈등이 생기기도 하는 것 같다. 그런데 그 자녀가 부모가 되면 그 말을 이해할 수 있다.

그럼 자식이 미운 이유가 무엇일까? 열 손가락 깨물면 안 아픈 손가락이 없다고 하면서 자식을 미워한다니 혹시 그것을 사랑의 한 방법이라고 말하는 건 아닐 것이다. 굳이 대답한다면 미운 자식은 자신의 기준에 맞지 않기에 그렇다. 반대로 예쁜 자식은 그 이유가 자신의 마음에 든다는 것이다.

그런데 혹시 내 마음에 맞는다는 것, 내 기준이 틀렸다고는 생각하지 않는가? 보통 사람들은 자신은 옳다고 생각한다. **'라떼는 말이야'**[54] 하면서 요즈음 젊은 사람들의 생각을 나무라는 듯이 나는 잘못하지 않았다는 것이 문제이다.

우리나라의 세대 간의 갈등과 아픔이 라떼는 말이야? 로 여러 사람을 힘들게 한다. 경험 많고 연륜이 있으면 자기 자신의 잘못을 모른다는 것이다. 이는 자신의 기준이 잘못되었기 때문임에도 그것을 모른다는 것이다.

그렇다면 미운 자식이 오히려 벌을 받아야 하는 것은 아닐까? 예쁜 자식은 부모의 눈치만을 보는 기회주의의 모습이지만 그래도 예쁘니까 상을 줘야 하는 것은 아닐까? 하는 생각도 든다.

---

54 '내 때는 말이야' 라는 말을, 보수세대 속칭 꼰대 세대들을 빗대어 부르는 말

그러나 진실은 감춰있는데, 즉 미운 자식은 상을 줌으로 사랑하고 있음을 보여주어야 하고 반대로 예쁜 자식은 벌을 줌으로 더 훈련해서 교만하지 않도록 하는 것이라 생각이 든다.

자 여기에서 생각해보는 것은 나는 예쁜 자식이었나? 아니면 미운 자식이었나? 하는 고민이 든다.

그렇다면 성경에서 말씀하는 미움은 무엇이고 예쁨은 무엇일까?

탕자의 비유[55]로 알려진 말씀으로 답을 대신하고자 한다.

등장인물이 주연급? 으로 아버지, 둘째아들, 맏아들이다.

평온했던 가정에 둘째아들이 평지풍파를 일으킨다. "아버지여 재산 중에서 내게 돌아올 분깃을 내게 주소서." 유산은 죽은 다음에 자녀들이 나누는 것인데 아직도 아버지가 살아계심에도 분깃, 즉 유산을 먼저 달라고 한다. 얼마나 괘씸한 일인가? 그런데 아버지는 그 말을 듣고 그 살림을 각각 나눠 주었다. 아니나 다를까! 그 이후 둘째아들은 유산을 챙겨서 도시로 떠난다. 그렇게 허랑방탕하게 재산을 낭비하여 빈털터리가 되어 먹고살 것도 없어 돼지들이 먹는 열매로 배를 채우는 불쌍한 신세가 되고 말았다. 그제야 정신이 든 둘째는 아버지께로 돌아간다. 아버지는 늘 동구 밖에서 이제나저제나 하고 둘째아들을 기다리다가 드디어 둘째가 상거지 꼴을 하고 돌아왔음에도 아들로서 대우하고 잔치까지 여는 것이

---

55 잃은 아들을 되찾은 아버지의 비유 누가복음 15:11~32

다. 일을 마치고 퇴근한 맏아들은 이 모습을 보고 화가 난다. 그러면서 아버지에게 항변한다. 그런데 아버지는 **"너는 항상 나와 함께 있으니 내 것이 다 네 것이로되"** [56]라고 맏아들을 위로한다. 그러나 맏아들은 아버지의 말에 위로가 되었을까? 아닌 것 같다.

자 여기에서 묻습니다.

맏아들과 둘째아들 중에 아버지에게는 누가 예쁜 자식이고 누가 미운 자식이라고 생각할 수 있을까?

일반적으로 생각하기를 미운 자식은 맏아들이고 예쁜 자식은 둘째아들이라고 쉽게 생각이 든다. 물론 다른 의견도 있으리라 생각하지만, 예쁜 자식은 없고 미운 자식은 맏아들과 둘째아들 모두라고 말하고 싶다.

그 이유는 둘째아들은 설명하지 않는다. 맏아들이 미운 자식이라는 것은 분명히 성경에서는 각각 나눠주었다고 말씀하고 있다. 그러나 맏아들은 그 사실을 믿지 않았기에 아버지의 명을 받들었지만 마치 노예처럼 자신을 생각했다는 것이다. 자신과 벗이 충분히 염소 새끼로 먹고 즐길 수 있음에도 아버지의 명만 기다리는 불신의 아들이다.

그럼 아버지의 심경은 어떨까?

아버지가 혹시 하나님의 모습이라고 느껴지고 우리는 열심히 일한다고 자신의 의를 내세우는 맏아들의 모습이고, 분깃을 먼저 달라는 둘째처럼 그저 하나님께 달라고만 외치는 철없는 모습의 신

---

56 누가복음 15:31

앙은 아닐까 하는 마음이다.

그런데도 아버지는 맏아들을 달래고 둘째아들을 그저 되돌아온 것만으로 그 지위를 회복시켜 주셨다.

이 글을 읽는 여러분!

하나님 아버지에 대하여 얼마나 알고 어떤 교통이 있나요? 혹시 내가 만든 하나님으로 마치 알라딘의 요술램프 요정처럼 하나님을 부려 먹고 있지는 않은가? 라고 말이다.

그래서 우리는 하나님 알기를 게을리 하지 말아야 한다. 더 깊이 더 넓게 알아가고 깨달아가는 것이 신앙생활이다.

왜냐하면 우리는 하나님이 불러주신, 하나님이 택하고 정하신 백성이다.

우리의 소속은 누가 뭐라고 해도 하나님께 속해 있다.

하나님께 구원받은 사람이라는 것만으로도 감사해야 한다. 그리고 신앙의 자리에 있음을 감사하는 것이다.

그런데도 아직도 하나님이 자신을 미워하시는 것으로 생각하는가?

하나님은 상거지 꼴이 되면 더 안타까워하시고 그저 일이나 하며 하나님의 언약을 믿지 않는 맏아들이라도 위로하시고 달래주신다.

왜냐하면 하나님은 당신을 사랑하신다!

'내 모습 이대로 주 받으옵소서, 날 위해 돌아가신 주 날 받아 주소서'라는 찬송을 부른다.

13) 교회 내에서의 인간관계가 어렵나요?

"인간은 사회적 동물이다."[57]라고 이야기를 한다.

이 말은 사람은 혼자서는 살 수 없다! 라고 이해할 수도 있다.

사람과 인간이라는 말을 구분해서 부를 때의 차이점이 있을까 하는 생각이 든다.

사람! 아담이라는 말, 인간(人間)! 사람과 사람 사이라는 말이다.

교회는 사람들이, 예수를 구주로 믿는 사람들이? 모인 예배공동체이다. 그리고 선교, 친교, 봉사의 공동체이다.

혼자서는 교회라는 것이 이루어질 수 없다. 여러 종류의 사람들이 함께 모여서 신앙생활을 하는 신앙공동체이다.

어쨌든 교회는 공동체이다.

공동체란 힘을 모아서 협력하는 곳이다. 당연히 혼자가 아닌 여러 사람이 함께 참여해야 하는 곳이다. 그러려면 공동체 구성원들의 관계는 매우 중요한 것이다.

그런데 이러한 인간관계가 어려우면 공동체는 무너질 수도 있다.

사실 인간관계가 어려운 것은 당연하다.

교회 안이라고 해도 출신도 학력도 환경도 나이도 그리고 믿음도 제각각이고 또 교회에 나온 목적도 다르다 생각한다.

그런 교회에서 만나지 말아야 할 사람을 부딪쳐 만나게 된다면?

---

57 고대 그리스 철학자 '아리스토텔레스'의 명언

철천지원수 같은 사람을 교회에서 딱 만나면 어떻게 할까?

예를 들면, 내 돈을 떼어먹고 도망친 빚쟁이를 만났다.

그런데 잘 먹고 잘 입고 잘살고 있고, 반면에 나는 그 빚 때문에 지금도 어려움을 겪고 있다면? 물론 가상적인 이야기이지만 얼마든지 있을 수 있는 일이다.

교우들 간의 인간관계가 좋은 교회는 모든 교회의 지상목표이기도 하다.

그러나 교인들이라고 해서 모두 경건한, 거룩한 사람들일까? 아니면 죄인이라는 사람들이 많을까?

어떤 교회가 교회의 신년 표어를 이렇게 정했다.

가족 같은 교회! 사랑이 넘치는 교회!

이 얼마나 듣기 좋습니까?

그러나 사실은 교회마저도 위기가 찾아왔구나! 라는 생각이 먼저 들었다, 사랑으로 똘똘 뭉쳐 있을 것 같은 가족! 이 당연할 것 같지만 현실은 그렇지 못한 경우들이 더 많이 있다는 것을 잘 알고 있다.

우리나라의 이혼율이 세계에서 최고? 라는 말을 심심치 않게 듣고 있다. 가족이 해체되고 한 부모 가정이 사회의 이슈이고 손자 손녀를 양육하는 노인 가정이 점점 증가하는 추세라고 한다.

그렇게 인간관계가 어렵다는 것이다.

그렇지만 인간관계의 회복은 멀리 있는 것이 아니다.

인간관계가 어려운 이유는 가족보다 가정보다 공동체보다 내가

먼저이고, 내 이기심이 먼저이기에 그렇다.

희생(Sacrifice)이 기독교의 십자가 정신임을 알고 있지만, 어느 사이 교회도 희생이 아닌 이익이 우선인 세속화라는 모습을 부인할 수 없다.

성경은, 교회의 메시지는 수도 없이 욕심을 버려라, 내려놓으라고 강조하지만 정말 내려놓아야 할 때를 놓치는 경우들이 비일비재하다.

교회라는 공동체는 이윤추구, 이익 남기기, 높아지기의 명예 획득, 내 주장 펼치기를 하는 곳이 아니다. 그런데도 교회가 교회의 본 모습을 상실하고 있다.

교회가, 교회라는 공동체의 구성원들이 손해 보기를 결단하고, 낮아짐과 각자의 다름을 인정하고 존중하고 실천한다면 인간관계는 회복할 수 있다.

이러한 연습? 을 하는 곳이 바로 교회라는 공동체이다.

연습은 실수해도 용납되고 용서한다.

사람은 실수 많은 존재임을 잊지 말자.

만약에 동물들이 실수한다는 것은 그들의 생명과 직결이 되는 경우가 많지만, 사람은 실수하면서, 실패하면서 배우기도 하고 단단해지기도 한다.

실수투성이의 사람들이 그저 예수님의 은혜로 구원받았을 뿐이지 아직도 고쳐야 하고 바뀌어야 하고 자라나야 할 부분들이 너무나 많음을 우리는 인정해야 한다. 그러한 사람들이 모여 있는 곳! 이 교회이다.

그러므로 교회 내에서의 인간관계가 어려운 것은 당연한 이유이다.

교회라고 거룩한 사람들만 있다고 우리가 착각하고 있다. 교회는 거룩해지려고 모인 사람들이다.

"내 마음 같지 않다."라는 말이 있는 것처럼 교회 내이지만, 신앙인이지만 나와는 다름을 인정하고 조금씩 양보하며 기도하는 신앙인들이 되는 교회가 된다면 인간관계가 어려운 것이 아니라 함께 모이기에 기쁜 일이 나타날 줄로 감히 말한다.

14) 십일조 등 헌금은 꼭 해야 하는가요?

신앙생활에서 제일 민감한 문제는 헌금과 십일조이다.

헌금은 신앙 생활하면서 꼭 해야 하는가? 라는 의문이 들기도 하고 때로는 입장료 같은 생각이 들기도 한다.

신앙이 있어서 헌금하는 것이야 상관없지만 신앙이 없는데 그저 교회에 왔다고 해서 헌금을 해야 하는가? 라고 묻는 사람들이 많다. 아울러 이것 때문에 교회에 가기 싫다고 말하기도 한다.

결론은 헌금은 해도 되고 안 해도 된다!

헌금은 말 그대로 헌금이다.

스스로 내는 것이 헌금이다.

그럼 왜 헌금이 강요받는 것처럼 느껴질까? 하는 것이다.

그중에서도 제일 반감? 이 생기는 헌금은 단연 십일조라고 말한다. 아니 무슨 부가가치세처럼 헌금을 걷는가? 라고 말이다. 더군다나 신학자와 로마가톨릭에서도 십일조에 대한 부정적인 이야기를 하는 분들도 있음을 들어서 알고 있다.

그럼 이 글을 읽는 독자는 십일조를 하고 있나요? 먼저 십일조를 한다면 무슨 생각으로 드리는 것인지 궁금하다.

반대로 십일조와 헌금을 하지 않는다면 왜 하지 않는지를 묻고 싶다.

제일 쉬운 답은 교회에서 말하는 것에 대한 확신이 없거나 믿음이 적거나 없어서 그렇다.

그럼 십일조를 하는 사람은 믿음이 좋다는 말인가! 꼭 그렇지 않다. 십일조를 어떤 마음을 가지고 드리는가? 하는 것이 더 중요하다.

요즈음 젊은 세대들 중에는 십일조를 강요하는 교회를 세속적인 교회로 치부하고 교회를 부정하고 출석을 거부하는 사례로 번져가고 가나안(안나가)교인으로 변하는 예를 많이 보았다.

어차피 십일조에 대한 신학 이야기는 신학자들의 몫이고 십일조에 대한 목회자로서의 의견을 피력하고자 한다.

십일조는 사랑이다.

예수님과 하나님과 성령님에 대한 사랑! 십자가 복음에 대한 감사이다. 그래서 십일조는 Scrifice 즉 헌신[58]이라는 믿음의 모습이다.

그런데 100만 원 소득이 있을 때 10만 원은 십일조로 제대로 드

---

58 獻身: 즉 몸을 드린다! 라는 의미로 몸을 산(living) 제사로 드리지 못함을 십일조라는 헌금으로 드리는 것

렸는데 일이 바빠지고 소득이 3배에서 10배로 늘어났을 때 100만 원이던 소득이 1,000만 원이 되고 그 이상이 되면서부터 십 분의 일 되는 액수를 하기가 어려워진다! 라고 고백하는 성도들을 만나보았다. 또한 장사하는 성도들이 매출의 십일조를 어떻게 해야? 아니면 원가와 관리비, 인건비 등을 제외한 순수이익금만을 하는 것인지를 질문으로 받았던 적도 있다.

어떤 대답을 하고, 들으면 좋을까?

대답은 십일조 헌금의 계산을 1/10이라는 수학으로 하지 말라는 것이다.

복잡한 셈의 학문을 수학이라고 한다면 십일조는 계산으로 하는 것이 아니라 단순하게 하기를 바란다. 믿음이라는 산수로 하기를 권한다. 그리고 십일조를 하려고 결정했다면 묵혀서 하지 말고 즉시로 해야 하는데 그 이유는 돈이라는 것은 돌고 돌아서 제자리에 머무르지 않는 것이 돈이기 때문이다.

물론 돈만을 십일조라고 말하는 것은 아니다.

돈으로 환산할 수 없는 무형의 것들도 있다. 시간의 십일조, 봉사의 십일조, 재능기부의 십일조, 선교의 십일조, 기도의 십일조 등등이 있다.

십일조에서 중요한 것은 목적을 가지고 십일조를 하지 말라! 는 것인데 이것은 수학으로 헌금한다는 것을 말하는 것이다.

목적이 계산된 십일조를 과연 하나님이 기뻐 받으실까?

교회, 목사와 장로는 기뻐하고 칭찬할 수 있다. 그러나 그 마음을 혹 교회도 모르고 목사와 장로는 모르더라도 하나님은 아신다.

이제 선택하기를 바란다.

헌금을 하는 것과 하지 않는 것의 차이는 내가 신앙생활의 주인 공인가? 그저 구경만 하는 사람인가? 하는 것이다.

물론 액수와 방법은 믿음의 선택일 뿐이다.

액수가 커야만 한다는 것은 세속화의 영향이다. 예수님도 과부 의 두 렙돈[59]을 칭찬하셨다. 오히려 자신이 할 수 있는 역량의 몇 % 를 차지하는가 하는 것이 더 중요하다.

또한 십일조와 헌금을 하면 신앙생활이 당당해진다! 고 한다. 그 러나 하지 않으면 당당함이 없다고 한다.

교회에서마저 당당함을 잃어버려서 세상을 살아가는데 자신감 을 잃으면 좌절, 낙심, 우울, 포기 등의 부정적인 마음이 일어난다. 교회는 소망, 용기, 기쁨과 감사, 그리고 부활의 능력으로 나를 세 우고 살리고 힘을 주는 곳이다.

만약에 교회가 그 일을 하지 않고 세속적인 기업의 모습이라면 어서 그곳을 나와서 진짜 교회를 찾아야 한다.

그러면서 먼저 자신의 모습을 바라보아야 한다.

어떠한 상황이든지, 예를 들면 컵에 물이 반쯤 차 있다고 할 때 '아직도 반이 있구나!' 라고 생각하는지 아니면 '반밖에 없네!' 라 고 하지는 않는지?

헌금은 상황과 현실 속에서 그러한 마음을 긍정과 감사로 자신 감을 높이는 놀라운 힘이 있음을 성도들은 놓치지 않아야 한다.

---

59 예수님 당시의 가장 작은 동전의 단위

그리고 십일조와 헌금을 한 성도는 마음과 기도가 자리 잡는다.
"너희 보물이 있는 곳에 너희 마음도 있다"[60]라고 예수님이 말씀하셨다.

자신의 보물을 어디에 두고 있는가?

하나님 나라에, 하나님 나라의 일에, 하나님 나라의 비전에, 하나님 나라를 위한 삶에, 하나님 나라를 지키는 현장에 자신의 보물을 두기를 바란다.

그리하면 느헤미야[61]와 같이 성벽을 지키며 기도하는 신앙인이 될 것이다.

그리고 헌금은 성별 된 것이다.

어린 시절에 할머니가 토요일이 되면 헌 지폐를 다리미로 새것처럼 다리는 모습을 보았다. 그런다고 1,000원짜리가 10,000원짜리로 변하지 않지만 정성을 다하는 모습을 보면 헌금의 액수보다는 마음이 중요하다는 것이다.

성별 된 돈이 헌금이요 그중에서 주님의 말씀에 순종하고 사랑합니다! 라는 뜻을 담은 것이 십일조이다. 즉 더러움의 열매는 세상에 보내고 경건한 열매는 하나님께 드림이 신앙이다.

"가이사의 것은 가이사에게 하나님의 것은 하나님께 바치라."라는 예수님의 지혜의 음성이 들리는 것 같다.

헌금 방법의 과감한 개혁도 필요하다!

---

60 누가복음 12:34; 마태복음 6:21
61 이스라엘이 바벨론 포로에서 귀환할 때의 지도자로 예루살렘 성벽을 재건함

4장

구별의 은혜

들어가는 말

한국에서 개신교의 부흥은 세계의 선교역사에서 그 유래를 찾아
볼 수 없는 기적의 연속이었습니다.

그러나 지금은 급속히 몰락해가는 모습으로 유럽과 미국의 그
모습을 그대로 따라가면서 그 교세가 처참할 정도입니다.

인구 급감을 핑계로 들 수는 있지만, 더 솔직하게 말하면 교회
의 기업화와 세속적인 세습, 목회자의 타락과 개신교의 이기주의
와 안일함 때문입니다.

은혜롭게 처리하자는 듣기 그럴듯한 말은 자성하지 않겠다는
말입니다.

"새롭게 이롭게"라는 캐치프레이즈로 코로나 이후를 타개하려
는 모 교단은 세습과 불륜의혹으로 치명타를 입었다고 해도 과언
이 아닙니다. 또한 총회장이라는 감투와 명예는 수십억을 써야만
하는 자본주의 그것과 너무나 같은 모습입니다. 복음이 아닌 바리
새인 같은 종교 권력자들의 횡포는 부끄럼을 모르는 이단과 사이
비와 별반 다르지 않음을 부인하지 못하고 있는 실정입니다.

이는 신앙과 삶에 대한 구별이 없는 무지함과 아전인수의 생각

입니다

　말로는 거룩과 경건을 말하면서도 거룩의 모습은 없고, 경건이 무엇인지 모르는 신학의 부재처럼 느껴지는 것은 안타깝기 그지 없습니다.

　구별은 신학이면서도 신앙이고 생활입니다.
　"설교는 학문적인 깊이도 아니고, 신앙의 신비로움도 아니고 웅변가 같은 달변도 아니고 선포되는 말씀과 일치한 삶이다."라는 가르침을 잊지 않습니다.
　삶이 뒷받침되지 않는 신학과 신앙은 가식적인 모습입니다.
　또한 아는 만큼 성숙한다는 말처럼 올바른 깨달음과 은혜를 위하여 묵상하고 기도하고 읽고 들어야 합니다.
　설명하지 못하면 아는 것이 아니라, 아는 것처럼 착각하는 것입니다.

　이 글은 쉽고 간단하게 설명하려고 합니다.
　왜냐하면 복음은 어려운 학문이 아니라 우리의 생활이 되어야 하기에 그렇습니다. 아울러 이 글이 올바른 신앙생활하기를 기도하는 모든 분들에게 아름다운 길잡이가 되기를 소망합니다.

1) 현직 스님이 〈산상수훈〉[1]이라는 영화를 만들고 질문을 합니다!

영화의 내용은 신학생과 일곱 명의 친구들이 동굴에 모여서 토론을 한다.

(1) 하나님은 먹지 말라고 할 선악과를 왜 창조했나?

(2) 행복을 왜 현재가 아닌 천국에서 찾아야 하나?

(3) 죽어서 천국 가는 게 신앙생활의 최종 목적이라면, 빨리 믿고 그 믿음이 사라지기 전에 얼른 죽어야 하는 거 아냐?

(4) 아담이 죄를 지었는데 왜 내가 죄가 있고, 예수님이 십자가에 못 박혔는데 왜 내 죄가 없어지는 거야? 라고 도발적인 질문들이 쏟아진다.

영화 〈산상수훈〉은 대해 스님이 만든 기독교 영화이다.

그래도 다행인 것은 히트하지 못해서 별로 관심을 받지 못함이다.

2017년 6월 말 러시아 모스크바 국제영화제의 비경쟁 부문인 '스펙트럼' 부문에 초청됐고 감독(58·본명 유영의)은 '아시아 영화진흥기구(NETPAC)상' 한국 측 심사위원으로 참여하기도 했다.

[그는 "변하지 않는 본질을 담은 게 성경, 불경과 같은 '경(經)'입

---

1 성경 마태복음 5~7장에 기록된 것으로 예수님이 산에서 제자들에게 복과 천국 등에 대하여 선포하신 내용

니다. 뿌리로 내려가면 본질은 모두 같습니다. 변치 않는 진리를 영화로 만들면 '영화경'이지요. 영화라면 어린이부터 노인들까지 이해하기 쉬울 테고, 세상은 아름다워지겠지요." 또 스님은 "인간의 내면에 하나님이 있는 건데, 오늘날은 '전지전능한 하나님'이라고 인간과 분리해 뚝 떼어내 버린다. 그러니까 왜 하나님이 전지전능하다면 엉망진창인 세상을 고치지 않느냐는 의문이 생긴다," 며 "영화를 통해 의문을 풀고 본질을 회복하고 싶었다."고 말한다. 또한, "한 번의 믿음으로 영원히 천국과 지옥이 나뉜다면 인생이 한 판의 도박 아닐까?"[2]라는 대사로 "사람들이 천국에 가고 싶어서 회개하고도 또 죄를 짓지 않느냐. 아등바등하는 동안 현실에서는 행복을 못 찾는 게 아닌지 생각하는 계기가 됐다." 고 덧붙인다.][3]

얼마나 창피스러운 이야기입니까?

기독교가, 교회가 복음을 올바르게 전하지 않고 때론 가르쳐주지도 않고 교회가 교인 숫자 놀음과 정치적으로 자신들의 이익만을 추구하느라고 엉뚱한 방법으로 흘러가고 있는 이유이며, 분명히 부패와 타락 때문일 것이다.

복음을 복음으로 전하자! 너무나 당연한 말이 생소하게 들린다.

예수 믿는다는 사람들이 더 복음을 모르는 것은 아닐까? 하는 생각과 함께 오히려 더 복음을 믿지 않는 것 같다. 그러나 예배를 통하여 복음을 전하고 가르치는 것에 한계가 있어 어떻게 하면 성도

---

2 영화 중의 대사
3 대해 스님의 인터뷰 기사를 발췌 편집

들이 복음의 '전신갑주'를 입을까? 하는 고민을 하게 된다.

신앙은 논리가 아니다. 믿음도 과학이 아니다.
그들의 질문에 답을 한다.

(1) 그들의 첫 번째의 질문!
하나님은 먹지 말라고 할 선악과를 왜 창조했나?
하나님이 창조한 자연에서 필요치 않은 것이 있습니까? 아니다. 없다.

나에게 필요한 것이 아니라고 불필요한 것일까? 사람에게는 필요하지 않지만, 그 어떤 존재에게는 그것이 필요할 수도 있다. 물론 하나님이 우리의 아버지이시기도 하지만 하나님은 세상 만물의 아버지, 즉 창조주이심을 잊지 말기를 바란다. 선악과를 우리를 위하여 창조하였다는, 모든 창조물을 우리를 위한 창조물이라는 착각은 이기적인 생각일 뿐이다.

'약과 독은 원래 하나다, 약과 독은 그저 용량의 차이일 뿐이다.'

'독을 적절히 쓰면 약이 되고 약을 과하게 쓰면 독이 된다. 모든 약의 부작용은 독성에서 나온다.'[4] 라고 말이다.

세상만사가 다 그렇다. 잘 쓰면 약이요 잘 못 쓰면 독이다! 는 것은 이제 상식, 약을 써야 할 때와 독을 써야 할 때, 즉 약 쓸 곳과 독 쓸 곳을 능히 가릴 줄 알아야 진짜 의사가 되는 것이다. '소의(

---

4 1537년 Paracelsus (1493-1541)의 유명한 말 (Sola dosis facet venenum)

小醫)는 몸을 고치고 중의(中醫)는 마음을 고친다. 대의(大醫)는 사회의 병을 치유한다.'[5]는 말과 이와 비슷한 말이 생각난다. '본인은 小醫(소의)이고 저의 작은형님은 中醫(중의)이며 큰형님은 大醫(대의)입니다.' 라고 하자 그 이유를 '저는 중한 병을 고치지만 작은형님은 병이 중하기 전에 고치고 큰형님은 병이 나지 않도록 예방합니다!' 라고 전해지는 화타[6]의 이야기로 대신한다.

(2) 그들의 두 번째 질문!

행복을 왜 현재가 아닌 천국에서 찾아야 하나?

행복을 무엇이라고 정의할까?

행복은 기쁨, 즐거움? 어찌 보면 행복은 모양이 없는 물과 같은 형태인지도 모른다. 배고픈 자에게 행복은 음식이고, 배 아픈 자에게 행복은 속을 비운 금식일 수도 있고, 돈 없는 자에게 행복은 로또 복권의 당첨이지만 돈 많은 자의 행복은 로또는 거추장스러움일 수도 있다.

성경에서 행복을 천국이라고 말하는 이유와 산상수훈[7]에서의 천국은 이 땅을 말하는 역설이라는 것을 발견하여야 한다.

예수님이 말씀하신 천국과 복이라는 개념이, 고통 중에 있는 사

---

5 중국의 속담
6 화타(145년 ~ 208년): 동한 말의 걸출한 의학자. 자는 원화(元化)이며 패국(沛國) 초[譙: 지금의 안휘성 박주(毫州)] 사람. 마취약 '마비산(麻沸散)'을 발명했다. 모든 의술에 뛰어났는데, 그중에서도 특히 외과(外科) 부문에 정통하여 신의(神醫)라 불렸다.
7 마태복음 5~7장

람들의 엑소더스[8] 해방을 말하는 것이기에 그렇다. 그리고 예수님이 이 땅에 오신 이유가 이 땅에 하나님의 나라, 즉 에덴[9]의 회복이라는 것을 알아야 한다. 천국은 에덴을 말하는 것이지 하늘 天 나라 國이 아니라는 것이다.

(3) 그들의 세 번째 질문!

죽어서 천국 가는 게 신앙생활의 최종 목적이라면, 빨리 믿고 그 믿음이 사라지기 전에 얼른 죽어야 하는 거 아냐?

내세관을 종교의 최종 목적지라고 보통 생각한다. 죽어서 천국 가는 것이 기독교의 목적이라고 생각하는 것은 참으로 우매한 소리라고 생각한다.

천국은 죽어서 가는 곳으로만 아는 무지가 이러한 생각을 하도록 하는 것이다. 그러나 아직 말세가 되지 않았고 사람의 생명은 한계가 있기에 올바른 구원을 받은 사람들이 육의 생명이 다한 상태에서 머무르는 곳도 천국임을 알아야 한다.

신앙생활이란 종교를 가진 사람의 생활, 즉 진정한 삶을 말하는 것이다.

사람은 누구나 이 땅에 보내진 목적이 있다고들 말한다. 그러나 우리의 삶을 보면 저 사람은 왜 태어났을까? 하는 의구심을 갖게

---

8 이스라엘 백성이 모세의 인도에 따라 애굽(이집트)을 탈출한 사건
9 [Eden]의 한국식 번역, 하나님이 천지를 창조하시고 동방의 에덴에 동산을 창설하시고 그 지으신 사람이 살던 동산

하는 사람도 있다.

종교의 삶이란 그러한 사람이 아닌 사람들에게 사랑과 따듯함을 주는, 사람들에게 그 가르침과 인도함이 종교, 즉 신앙생활이다.

예수님이 이루시고자 하는 것은 이 땅에 하나님이 통치하시는 곳, 즉 에덴의 회복이고 확장이라는 것을 말이다.

(4) 그들의 네 번째 질문!

아담이 죄를 지었는데 왜 내가 죄가 있고, 예수님이 십자가에 못 박혔는데 왜 내 죄가 없어지는 거야?

정체성의 문제라고 생각한다. 과학적으로는 유전자라고도 할 수 있다.

아담을 사람의 시조, 즉 원숭이가 진화한 것이 아닌 사람의 시작이라는 것이다. 즉 아담의 죄, 그 유전자가 우리에게 전해진 것이고, 예수님의 십자가 사건은 창조주이신 예수님이 그 유전자를 십자가를 통해서 변형시킨 사건이고 이를 믿음이라고 하는 것이다.

이제 정리한다.

복음을 올바로 알도록 전하는 것!

그래서 오해가 없게 하고 하나님의 말씀으로 성도들이 굳건히 서기를 바란다. **"너희 마음을 위로하시고 모든 선한 일과 말에 굳**

건하게 하시기를 원하노라"[10]

성경은 유일무이한 그 어느 것과도 비교할 수 없는 창조주 하나님의 복음으로 왜곡하거나 이용당하여서는 안 된다.

이 글이 상처로 희망을 잃고 혼돈과 의심으로 신앙을 던져놓은 사람들에게 바른 길잡이가 되기를 바란다. 그리고 아름다운 믿음의 신앙생활로 주님을 스스로 보여주는 증거자가 되었으면 하는 소망과 기도로 조용히 두 손을 모은다.

2) 개혁과 쇄신

기독교(개신교)에 종교개혁!이 또 필요하다고 제2의 종교개혁이 있어야 한다! 고 이구동성으로 말한다.

반면에 사회는 **쇄신!** 이란 말을 사용하기도 한다.

개혁과 쇄신은 지금 무엇인가가 고착상태에 빠져 있을 때, 변화보다는 안전을 추구할 때 그것을 바꾸어야 할 때 나오는 말이다. 즉 안전하지만 흐름이 적고 심지어 멈추어 버려서 썩고 있음을 더는 방관하지 말고 새롭게 변화를 만들자는 것이다.

우리 사회와 기독교에 개혁과 쇄신이 지금 필요한 이유는 무엇일까?

---

10 데살로니가후서 2:17

이대로 방치하면 존재 이유도 가치도 없기에 그렇다.

문제는 어떻게 개혁하고 쇄신을 할까? 라는 것이 어려운 것은 사실이다.

얼마 전 방송에서 '쇄신이란 물을 가는 것이라고 했다. 그러면서 물만 갈아봤자 건더기가 상했는데 새 맛이 날 수 없으니 건더기부터 갈고 동시에 물도 바꾸어야 한다고 주장하는 말'[11]을 듣고 나도 모르게 고개를 끄떡이게 되었다.

개혁은 또 무엇일까?

개혁을 외치는 사람들이 개혁의 대상이 아닐까?

자신의 희생과 헌신 없는 쇄신과 개혁은 또 다른 개혁과 외침의 소리를 들을 뿐이다. 그래서 개혁과 쇄신이 어려운 것이다. 그러나 개혁과 쇄신 없이는 변화가 없음을 우리는 잘 알고 있다.

기독교(개신교)에서 개혁해야 한다면 무엇을 해야 할까?

썩었다, 관습적이다, 구태의연하다 등등 개혁을 말하는데 과연 어느 부분을 개혁해야만 할까? 라는 구체적인 고민이 있어야 하고 두리뭉실이 아닌 구체적이고 실제적인 제안이 필요하다.

한국 개신교를 개혁하려면 시대착오적인 부분을 바꿔야 한다.

먼저 전통이라는 이름으로 행하고 있는 보수적인 형식을 버려야 한다.

---

11 nmbc 문화방송에서 전 국회의원과의 인터뷰 내용

전통이라는 형식은 마치 바리새인과 서기관 같은 모습일 수도 있다. 기득권, 즉 힘을 누리고 있다는 것이다.

한국의 개신교라 불리는 교단은 셀 수조차 없다. 이유는 무엇일까? 목사들도 높은 자리에 오르려고 한다. 그것은 힘이고 명예이고 자랑거리가 되었다. 교단의 총회장이 되려고 수십억을 선거비용으로 쓴다는 말도 자주 들었다. 즉 돈으로 표를 산다는 말이다. 총회장의 자리는 섬김의 자리이고 봉사의 자리라고 말을 하지만 실상은 엄청난 힘과 지위를 누리고 있음을 부인할 수 없다. 그래서 교단이 수도 없이 갈라지고 수도 없는 총회장을 양산하고 심지어 제명당한 목사가 새로이 교단을 만들고 스스로 총회장이 되는 사례도 있다. 그리고 이단 사이비 교주도 총회장이라고 불리면서 모르는 사람들에게는 같은 예수 믿는 기독교로 인식되어 사회를 혼란스럽게 하는 것이 현실이다.

또 다른 문제는 교회가 불투명해졌다는 것이다.

각 교회가 당회라는 조직을 갖추고 당회에서의 결정은 교회를 대표하는 모습이 되고 당회의 결정에 반대하면 적이 되어버려서 출교까지 하는 비민주적인 독재의 형태가 되어 버린 곳이 많다. 이는 교회의 비리로 발전되고 교회의 잘못된 부분까지도 감추고 쉬쉬하는 양상을 띠고 있다.

그리고 또 다른 문제는 **아멘**이다.

아멘은 믿습니다! 혹은 내가 그렇게 하겠습니다! 라는 의미의 히브리어인데 한국의 개신교와 기독교는 아멘을 습관적으로 하고 있고 또 그렇게 강요하고 있는 것처럼 느껴진다. 긍정도 이해도 되지 않으면서도 아멘! 해야지만 직분자[12]가 되는, 믿음 있는 사람처럼 되는, 이상한 모습이다.

언제부터인지 믿음에 대하여 신앙생활에 대한 궁금한 점을 질문하지 못하고 그저 꿀 먹은 벙어리처럼 잠자코 아멘 해야만 되는 이상한 풍조에 빠지고 말았다.

우리는 예수님의 십자가를 생각해야 한다.

예수님이 죽지 않으시고는 개혁도 쇄신도 안 되는 것을 아셨기에 개혁과 쇄신을 하시고 직접 희생하러 이 땅에 오신 예수님의 사랑을 기억해야 한다. 그래서 미력하나마 저자의 글이 주님의 다시 오심을 기다리며 개신교의 개혁과 쇄신을 위해 쓰임받기를 소망한다.

"마라나타"[13]

3) 교리가 뭐예요?

기독교! 정확히 말해서 개신교를 떠올리면 계명을 지키기 어렵다! 라는 생각이 먼저 든다.

---

12 목사, 장로, 안수집사, 권사 등 항존 직을 말하는 교회의 유&무급의 직원을 총칭하는 말
13 요한계시록 22:20 "아멘 주 예수여 오시옵소서" 라는 의미

이는 예수 믿는 사람들은 교리에 얽매어 있다고 말하는 것으로 즉 생활에 제약이 많음을 말하는 것이다.

이것은 하면 안 된다! 저것은 해도 된다!

사실 이것을 지키는 것이 교회 다니는 사람들의 의무라고 말한다.

그런데 요사이 이슬람 교도의 신앙의 모습에 비하면 기독교는 오히려 경건성이 떨어지지 않나? 라는 생각이 들기도 한다. 이슬람 교도들은 그들 나름대로 엄격한 교리를 지키며 살고 있다. 대표적으로 돼지고기는 절대로 안 먹고 하루에 세 번을 그들의 메카를 향하여 기도하는 모습은 경건한 삶을 사는 것처럼 보이기도 한다.

반면에 교회 다니는 사람은 그렇게 살지 못하는 것 같다.

교리를 지키는 것도 안 지키는 것도 아닌 것처럼 말이다.

교회 다니려면 교리를 꼭 지켜야 한다?
그리고 교리란 무엇을 꼭 집어 말하는 것인가?

우리나라의 기독교 교리는 대부분 율법[14]에 근거하고 있다. 그리고 전통이라는 규범도 있다.

우리나라의 교리는 기독교 역사를 통하여 알 수 있다. 왜 그 당시에 그런 교리를 법처럼 만들었는지를 알아야 한다. 그리고 그 당시에 만든 교리가 지금 시대에도 적용되어야 하는지를 생각해 봐야 한다.

---

14 하나님이 시내 산에서 모세에게 준 십계명

예를 들자면 교회 다니는 사람은 술, 담배를 금지한다든지 하는 것이다.

당시에 구한말의 사회상황은 끔찍했었다. 나라는 풍전등화같이 위태롭고 백성들은 술과 노름 그리고 돈 있는 사람들은 첩을 두는 것을 자랑거리처럼 여겼다. 그런 사회적 상황 속에서 기독교가 사회의 모범이 되어야 한다는 생각에 교회는 술과 담배와 축첩을 금하고 신분 등의 차별을 없애고 모든 사람들은 평등하다는 사실을 가르치기 시작했다.

정확히 말하자면 규칙과 규범 같은 것이었다. 그러던 것이 마치 교리처럼 굳어졌고 이를 교리처럼 여기며 지키고 있다.

교리는 성경의 법리를, 좁게 말하면 교단 종파의 정체성을 말하는 것이다.

나라의 통치 기준은 헌법이고 권리와 의무를 지키며 유지되는 것처럼 말이다.

그럼 지금의 교리가 과연 그 출처가 어디인가? 하는 것이다.

모든 법이 헌법에 위배 되면 위헌이다! 하여 법 자체가 성립이 안 되는 것이다. 마찬가지로 교리도 성경에 위배 되면 교리로서의 가치를 잃어버리게 됨을 우리는 알아야 한다. 혹시 그 교리가 복음을 막고 있다면, 교회에 나올 수 있는 자격처럼 되어 있다면 더더욱 그렇다.

성경은 "수고하고 무거운 짐 진 자들아 다 내게로 오라"[15] "나는 의인을 부르러 온 것이 아니요 죄인을 부르러 왔다"[16]라고 기록되어 있다. '누구든지'[17]라고 하신 예수님의 말씀에 걸림돌이 된다면 어떡해야 할까?

그럼 개신교에서는 말하는 교리는 무엇인가?

대한예수교장로회 총회 헌법은 교리를 사도신경, 신조, 요리문답, 웨스트 민스터 신앙고백 35장과 선언문, 대한예수교장로회 신앙고백서 10장, 21세기 대한예수교장로회 신앙고백서 3장으로 설명한다.[18]

우리가 교리라고 알고 정죄하는 대부분이 교리가 아닌 규범과 전통이라 말하는 관습이라는 것이다.

전통과 규범은 시대에 따라 변하여야 함에도 한국교회는 마치 그것이 신앙의 잣대인 양 여기기 때문에 폐쇄적이고 일방통행이며 편협하다는 지적을 받고 있으며 아울러 젊은 세대와 남자들이 배척하는 안타까운 일이 벌어지고 있다.

그리고 우리가 참조해야 할 것은 천주교[19]와 개신교의 교리인데 그 차이가 있다.

---

15 마태복음 11:28
16 마가복음 2:17
17 신약에만 138번 언급되고 고린도후서 5:17로 대표할 수 있다.
18 대한예수교장로회 총회 통합 측 헌법 참조: 장로교출판사
19 로마 가톨릭을 지칭

1) 천주교는 성전과 성서 모두를 하느님(하나님)[20]의 말씀으로 인정하여 그것 모두가 교리의 원천이 되지만, 개신교는 성서만을 교리의 원천으로 여기고 있고,

2) 천주교는 70인 역본 모두, 즉 제1경전과 제2경전[21] 모두를 성서로 인정하지만, 개신교는 제1경전만 성서로서 인정하고 있으며,

3) 성서 자체의 해석 또한 약간의 차이가 있지만, 개신교 성서의 자유 해석으로 인해 올바른 성서해석의 기준이 점차 모호해진 것도 하나의 이유라 할 수 있다.

큰 의미에서 천주교와 개신교는 같은 신을 믿는 교회이다.

사실 천주교와 개신교를 합해서 부르는 용어가 기독교인데 사람들은 기독교 하면 개신교로만 생각하고 있다.

천주교에서는 개신교를 종교로서 인정하고 있다.

모두 같은 신이신 하나(느)님을 믿는 형제자매라고 생각한다. 이는 교황 요한 23세께서 개신교도 나름대로 어느 정도 진리를 가지고 있다고 반포해서 인정된 것이다. 하지만 개신교는 천주교를 인정하지 않는 부분들, 즉 제사의 문제와 우상으로 생각되는 형상과 예전[22]의 형식의 모습과 그 지역의 토착 신과의 융합을 이유로 천주교를 이단시 하는 경향이 있는 것이 사실이다.

그러나 개신교와 천주교의 교리 상 차이를 떠나서 가장 중요한

---

20 천주교는 하나님을 하느님으로 칭하고 있음

21 제2경전(토비트, 유딧, 에스델, 지혜서, 집회서, 바룩, 다니엘, 마카베오 상, 마카베오 하)

22 기독교의 예배의 형식

것은 같은 신! 하나(느)님과 예수님을 숭배하고 찬미하는 교회라는 것이다.

다시 한 번 말하면 기독교는 그리스도를 믿는 종교이다.

기독교의 교파는 로마가톨릭, 프로테스탄트(개신교), 성공회, 루터회, 그리스 정교회, 곱틱 교회 등이 있고 각 종파의 특성이 있다.

결론으로 교리는 정죄하기 위함이 아니다.

신앙생활을 하기 위해 필요한, 즉 무엇이 죄인지 아닌지, 경건생활과 예배는 어떻게 드리는지 등등의 신앙의 모습을 가르쳐주는 지침서이다.

그럼에도 교리가 복음보다 앞서 있다면 교리는 그 역할을 잃어버렸을 뿐만 아니라 복음의 훼방꾼일 뿐임을 간과하지 말아야 한다.

교리는 복음으로 하나님의 자녀 된 사람들을 진정한 하나님의 사람으로의 변화를 위한 길잡이가 되어야 한다.

4) 교회가 도피성?[23]

버킷 리스트[24]라는 것이 사람들에게 유행처럼 행해지고 있다.

바로 내일이 세상의 마지막 날이라면 오늘 당신은 무엇을 하고

---

23 여호수아 20:1~9
24 버킷 리스트는 2007년 영화 '버킷 리스트: 죽기 전에 꼭 하고 싶은 것들(The Bucket List)'을 통해 대중적   으로 알려졌다.

싶을까?

신앙인이라면 하나님 앞에 정결한 모습을 갖기 위해 기도하지 않겠는가? 누군가에게 잘못을 구할 일이 있다면 찾아가 용서를 구하지 않겠는가? 평소에 사랑한다는 말도 제대로 하지 못했던 가족에게, 혹은 짝사랑했던 이에게 사랑한다! 는 고백을 하지 않겠는가?

정말 그렇다면 당신은 신실한 신앙인이다.

내일이 세상의 마지막 날이라면 오늘 하나님께 순종하는 삶을 살겠습니다! 라고 고백하겠다는 믿음이 당신에게 있으면, 지금 하나님께 순종하는 것이다.

바로 오늘이 그날이라고 생각하는 것이다.

그리고 '주님, 저에게 주어진 시간에 최선을 다하게 하시며 순종하라 말씀하신 주님의 뜻을 따르게 하소서'라고 기도하는 것이다.

마지막이란 말은 누구나 알지만, 그날이 언제인지는 하나님만 알고 계신다.

내가 마지막 날에 하려던 계획을 바로 오늘 해야 한다.

그 일이 무엇일까?

제2의 종교개혁이 일어나는 교회

교회를 교회답게 하는 것! 하나님이 기뻐하시는 교회를 만드는 것!

순종하고, 사랑하고, 용서하고, 보호하는 도피성과 같은 교회!

도피성은 피난처이다.

사람들은 우리나라에 교회가 많다고 말한다.

불신자들도 그렇게 말하고 심지어 신앙생활 하는 성도들도 그렇게 말한다. 그러면서도 자신이 다니는 교회는 제외하려고 한다. 자기까지는 괜찮은데 자기 이후부터 숫자가 많다고 주장하는 것은 아이러니하고 이기적인 발상이다. 아무리 교회 숫자가 많다 하더라도 교회는 적다.

술집이나 유흥가의 숫자에 비하면 아무것도 아니다. 그런데도 교회의 숫자가 많다고 하는 것은 마귀의 소리이다. 마귀는 어떻게 하든지 교회가 늘어나는 것을 싫어한다.

문제는 교회다운 교회가 적다는 것이다.

갈수록 교회가 위축되어 간다고 하면서 각 교단의 보고서에서도 성도들의 숫자가 줄었다고 한다. 설교자들도 그렇다고 한다. 물론 경각심을 갖고자 하는 것은 알지만, 그러나 이것은 교회를 생각해서 하는 말이 아니다. 어떻게든지 이 세상은 우리를 위축되게 하려고 하기 때문이다.

그러나 우리에게는 정말 큰 힘이 뒤에 있음을 잊지 말아야 한다.

전능하신 하나님께서 우리와 함께하신다.

하나님은 우리의 피난처이시고, 여호와는 우리의 은신처라고 고백한다.

여호와는 우리가 어려울 때 도피할 만한 은신처이다.

하나님께서는 세상의 폭풍우를 잠잠케 하신다.[25] 높은 산들 같은

---

25 이사야 4:6, 25:4; 욥기 24:8

위험[26]에서 피하게 하신다.

그래서 하나님은 언제나 우리의 유일한 피난처가 되신다.

현실적으로 이 세상에서 교회는 무력한 모습이 되었고 조금만 뭐라고 교회가 말하면 많은 사람들이 벌떼처럼 달려들어서 공격한다. 다른 종교와 달리 교회는 이 세상에 몸을 담고 있어서 쉽게 공격을 당하고 있는데 뭐라고 항변할 말이 별로 없다. 언론에서 공격하고, 사회에서 공격을 받아도 힘이 없는 것 같다.

하지만 그렇지 않다.

로마 시대 때에도 교회는 카타콤[27]에서 살아남았고 초대교회 때에 갑바도기아[28] 산에서 살아남았다. 성도들이 힘이 있어서 살아남은 것이 아니고 하나님께서 살아남도록 하신 것이다. 피난처 되신 하나님께서 역시 우리를 살아남게 하신 것이다.

그러므로 하나님은 우리의 피난처이며, 우리를 지키시는 요새이며, 산성입니다! 라고 다윗의 고백이 우리의 고백이 되어야 한다.

도피성은 보호자이다

철과 고철을 녹이는 장치를 용광로라고 하는데 이 용광로에 없

---

26 시편 104:18

27 카타콤(Catacomb)는 라틴어 단어들 '가운데'(cata)와 '무덤'"(tumbas)이 합성되어 '무덤들 가운데'(among the tombs)라는 의미이다. 무덤으로 사용하기 위하여 좁은 통로로 이루어진 지하 묘지로 기독교인들이 로마 제국의 박해를 피해 숨어들어서 예배하였다.(참고: 위키 백과)

28 갑바도기아('말들의 아름다운 땅')는 터키의 수도 앙카라에서 약 320km 떨어진 곳에 위치, 동서양을 연결하는 중요한 교역로에 위치, 수많은 자연동굴은 초기 기독교인들이 박해를 피해 화산 석 아래로 수마일 터널을 뚫어 무덤이나 주거 공간을 만들고 수도원과 예배장소를 삼은 곳.

어서는 안 될 중요한 것이 있다. 물론 용광로가 열, 내화벽돌 등의 장치로 되어 있지만, 고철을 녹여서 순수한 철로 만드는 데에는 철에 함께 녹아버린 불순물을 제거하지 않으면 철을 제대로 사용할 수 없는데 이 불순물을 제거하는 것이 열을 내는 코크스[29]라는 탄소와 광석으로 빠져나간 쇠 찌꺼기를 모으는 원자재이다. 이 코크스라는 탄소와 석회암이 있기에 더럽고 지저분하고 오물이 잔뜩 묻은 고철 덩어리도 순수한 철로 탄생할 수 있다.

교회는 바로 이와 같은 역할, 용광로와 같은 역할을 하여야 한다.

하나님의 말씀과 기도 그리고 사랑으로 더러움과 죄악을 녹이고 새롭게 만들어내는 은혜의 역할이 교회의 역할이다.

도피성, 하나님의 교회는 아비의 집이 되어야 하고, 아비의 마음을 가진 보호자가 되어야 한다. 아비의 집은 안식처로 모든 잘못까지도 용서하고 끌어안는 용광로 같은 은혜의 장소가 되어야 한다.

자신의 품에 있는, 자신의 품으로 들어온 자녀를 내치지 않고 사랑을 주고, 안식을 주고, 그 사람에 대한 책임을 지겠다고 하는 역할이 보호자의 역할이다.

그럼에도 불구하고, 교회가 이러한 보호자의 역할을 하고 있는가? 하는 것이다.

교회는 이 세상 보호자의 역할을 해야 한다.

---

29 코크스는 탄소 함량이 높고 불순물은 미량인 연료의 일종이며, 대개 석탄을 원료로 만들었다. 석탄에서 만들어진 코크스는 회색을 띠며 단단하고 다공성이다. 코크스는 자연적으로 만들어질 수도 있지만, 대개 사용되는 것들은 사람이 만든 것. 코크스는 산화되면 일산화탄소가 된다.[출처] [원자재] 코크스(Cokes)|작성자 헨닉Henrique

이 보호자의 역할이 없으면 그 교회는 더 이상 교회가 아니다.

아비의 심정으로 세상을 끌어안는 교회, 보호자이다.

정죄와 비판, 저주와 징계가 아닌 녹아짐과 사랑이 교회이며 그 모습이 아비의 모습이다.

하나님은 그런 사랑의 마음으로 도피성을 만들라고 명령하셨다.

도피성은 구별된 곳!

우리들은 그리스도인으로서 세상에 속해 있지만, 하나님으로 인해 세상과는 구별된 삶을 살고 있어야 한다!

우리는 세상 속에서 살아야 하지만 우리의 영(靈)은 세상에 속해서 허우적대서는 안 되며, 끊임없이 하나님에게서 말씀의 공기를 흡입함으로써 세상의 물이 우리 안에 들어오지 못하도록 지켜야 한다.

방주는 물 위에 떠 있었지만, 노아는 방주 안에 있었다.

교회는 구별된 곳으로 세상의 피의 보복자의 권세를 막아내는 곳, 거룩한 땅이 교회의 참모습이다.

교회는! 세상 사람들의 안식과 피난처가 되는 곳! 그리고 구별된 곳! 모두가 가고 싶어 하는 곳이 주님이 말씀하신 교회이다.

우리들의 교회가 이런 모습으로 세상에 존재하기를 소원한다.

5) 교회가 세습해도 되나요?

개신교에 큰 위기가 왔다.

가뜩이나 종교가 썩었느니 하는 등 세상으로부터 손가락질을 받고 있는데 개신교의 가장 큰 교단 중 성도 수가 10만이라는 교회에서 2017년 10월 29일 종교개혁 500주년 되는 날에 부자 세습을 하였다. 매스컴은 대대적으로 이 소식을 전하였다. J방송의 S앵커는 리처드 핼버슨 목사의 말을 인용하여, **'교회는 그리스로 이동해 철학이 되었고 로마로 옮겨가서는 제도가 되었다. 그다음에 유럽으로 가서 문화가 되었다. 마침내 미국으로 왔을 때 교회는 기업이 되었다.'** 는 말의 끝머리에, 한국 대형교회들의 문제점을 지적하며 '그것은 교회가 아니다'라는 내용의 다큐 영화 〈쿼바디스 Quo Vadis〉를 2014년 제작했던 김재환 감독의 **'교회는 한국으로 와서는 대기업이 되었다'**라는 말로 마무리하였다.

한 걸음 더 나아가 축구 해설가, 국가대표이며 독실한 기독교 선수는 '오늘 수십 년 동안 한국교회를 대표했던, 어쩌면 존경받는 모습으로 떠날 수 있었던 한 목사의 마지막 퇴장이 비참하게 '세습'이라는 이름으로 끝나고 말았다는 비난을 가슴에 피 토하듯이 쏟아내었다.

한국교회는, 더 나아가 한국 사회는 대형교회의 세습 논란으로 뜨겁다. 그런데 개신교의 가장 큰 교단이라고 자부하는 총회에서 타협안을 들고 인정하는 것으로 일단락은 되었지만, 이 가슴 아픈 현실에 더 큰 충격은 지방과 소도시에 있는 모든 교회까지 싸잡아 욕을 먹고 있고 존폐위기가 찾아오고 있는 현실이다.

이 사건은 정말 교회의 모습을 비참하게 만든 슬프고도 비극적이고 종말적인 사건이다. 이로 인하여 젊은이들은 교회를 향해 손가락질하고 교회를 떠나고, 전도의 문을 막아버리는 일이 일어나기도 하였다.

기업은 부자 세습이 당연한지도 모른다.

하지만 교회는 부자 세습을 하면 안 된다. 그 이유는 교회는 어느 개인의 것이 아니라 하나님의 것이기 때문이다. 그러면서도 부자 세습을 하는 이유는 교회가 세속화되어버렸기 때문이다.

선교 초기의 교회는 사회를 앞서갔고 사회를 이끌었다. 그러나 지금의 교회는 자기 소속이 어디인지를 잊어버렸다.

또한 세습하는 이유는 욕심 때문이다.

성경은 **"욕심이 잉태한즉 죄를 낳고 죄가 장성한즉 사망을 낳느니라"**[30]고 말씀한다.

물론 욕심을 다스린다는 것이 쉽지 않다. 욕심을 부리면 슬럼프가 온다고 하는데 이를 이기는 방법은 오직 하나뿐이다.

기본으로 돌아가는 것이다.

그래야만 욕심을 버릴 수 있다.

신앙생활이 중요한 이유이기도 하다. 욕심을 버리고 올바른, 흔들리지 않는 신앙생활은 직분을 막론하고 신앙을 가진 모든 이에게 적용되는 것이다.

그중에서도 내가 했다는 것이다.

---

30 야고보서 1:15

요즈음 줄여서 쓰는 말들이 너무나 많다.

그래서 정신 차리지 않으면 시대의 흐름에 뒤처지는 것 같은 느낌도 있다. 얼마 전 여러 목사님이 사용했던 하하! 라는 말이 있는데, 말 그대로 하나님이 하셨습니다! 의 줄임말이라고 한다. 하나님이 하셨다! 는 것이다. 나를 통해서 하나님이 하셨다는 것이다. 모세가 홍해를 가른 것이 아니라 하나님이 하신 것이다.

그런데 교회 세습을 하는 분들의 생각은 하나님이 하셨다! 보다는 내가 했다! 가 더 강한 것 같다. 내가 금식했고 내가 기도했고 내가 전도했고 내가 설교했고 내가 안수했고 내가 가르쳤고 내가 건축했고 내가, 내가, 내가, 내가, 고생고생해서 이만큼 되었다! 는 것이다. 맞는 말처럼 느껴진다. 그만큼 열심히 한 것은 인정하지만, 정말로 나 혼자 한 것일까?

또 다른 이유는 내가 아니면 안 된다는 생각이다.

물론 구약시대에 제사장들을 보면 그 아들이 제사장직을 이어받았다. 아버지만큼 역량이 있는 아들 제사장이 있었는지 모르겠다. 사무엘의 아들들도 그랬다. 그 당시에는 레위인만이 그 직을 유지할 수 있었기 때문이다.

정말 아니기를 바라나 목회 은퇴 후에도 세습한 자신의 아들과 딸, 사위들에게 자신의 영향력을 놓치지 않고 싶기 때문은 아닌가? 진짜 아니었으면 좋겠는데 혹 염려가 되는 부분이지만 재정적인 비리를 감추려는 의도가 만약 숨어 있다면 더더욱 세습이란 타락한 교회라고 광고하는 것과 마찬가지이다.

이것이 교만이다.

하나님이 통치하시는 교회는 목사가 아니라 장로가 아니라 성령님이 이끄시는 것이다.

세습은 부끄러운 일이다.

세습하는 교회를 보고 세상은 교회마저도 세속적이라고, 물질적이라고, 권력 지향적이라고 하며 탄식을 한다. 세상 사람들이 안 보는 것 같아도 교회가 세상의 마지막 보루[31]라고 생각한다.

교회는 세상을 지키는 하나님의 전진기지임을 잊지 말아야 한다.

6) 위선자처럼 보이는 기독교인들?

위선은 '**겉으로만 착한 체를 하거나 거짓으로 꾸밈**'이라는 사전적 의미가 있다.

기독교인의 문제가 혹시 착한 척, 선한 척, 거룩한 척! 하는 것은 아닐까? 그럼에도 그리스도인들과 기독교가 욕을 먹는 이유가 이 위선의 모습 때문이라고 느껴질 때가 많다.

솔직히 우리는 위선자이다.

자신이 위선자가 아니라고 생각하나요? 그리스도인은 마치 위선자처럼 살아야 한다.

---

31 보루(堡壘): 튼튼하게 쌓아놓은 진지를 가리키는 군사용어이지만 바뀐 뜻 본뜻에서 유추해서 나온 것으로, 가장 튼튼한 발판을 일컫는 말로 널리 쓰인다.

예수님은 제자들에게 **"너희는 세상의 소금이니…, 너희는 세상의 빛이라…"**[32]고 비유로 말씀하시는데 세상에서 꼭 필요한 소금과 빛의 역할을 잊지 말라는 것이다.

그러나 지금의 한국교회는 이단과 사이비 종교로 교회의 존폐가 흔들리고 있다. 자신들의 종파만이 구원받는다! 고 사람들을 현혹하며 세상을 혼란스럽게 하는데 많은 기독교인이 빠져들고 있다. 어쩌면 위선으로 삶을 사는 기독교인들에게 실망을 느끼고 복음에 대한 가르침이 소원해진 것은 아닐까?

정통 장로교 신학은 루터와 칼뱅의 교리를 따라서 "이신칭의"[33]를 기본 교리로 삼고 있다. 이신칭의 '믿음으로 구원 받는다' 는 교리는 타 종교와 특히 공덕을 쌓아서 구원을 받는다는 불교의 극락사상과 대립하는 것이다.

그런데 문제가 생겼다.

그렇게 믿음만으로 구원받은 사람은 아무렇게나 살아도 되는가? 하는 것이다. 구원받았다고 자기 멋대로 살아도 한번 구원받은 사람은 아무런 문제가 없느냐? 하는 것이다.

이는 성경을 모르는 사람들의 무지에서 비롯된 생각이다. 자신은 구원받았다는 기독교인들의 이기적인 삶의 모습에서 비롯된 것이다.

성경은 그렇게 말하지 않는다.

---

32 마태복음 5:13~14
33 이신칭의(以信稱義): 믿음을 가지고 의라 칭함을 받는다! 는 장로교의 근본교리

예수님은 사람들에게 다가가실 때 구원받은 삶의 모습이 어떤지를 비유를 사용하여 잘 알도록 가르쳐 주셨다.

예수님의 가르침은 말하는 사람의 수준으로 하는 것이 아니라 듣는 사람의 수준을 배려하여 설명하셨다. 예수님은 우리들의 언어로 우리들의 모습으로 우리가 쉽게 접하는 것들을 예로 들어 비유로 설명하셨다.

예수 믿는 사람들의 삶은 세상에서 소금의 역할을 하는 것이고, 그 역할은 두 가지로 하나는 맛을 내는 것이고, 또 하나는 부패를 막는 것이다.

예수님은 산상수훈[34]을 통하여 우리에게 세상의 소금의 역할을 하라고 하신 것이다. 세상 살맛이 나도록 하고, 세상의 부패를 막아달라는 것이다.

이것이 예수님이 우리에게 원하시는 것이다.

이런 이유로 위선의 모습으로 우리가 사는 것인지도 모른다.

사람들은 선(善)이 무엇인지는 본능적으로 알고 있다.

대부분의 문학작품과 예술창작품들이 권선징악[35]이라는 주제를 갖고 있다. 즉 기독교인들이 소금의 역할로 선을 행하라는 것이다.

그럼 어떻게 그 역할을 보여주고 가르쳐 주어야 할까?

세상 모든 존재는 있어야 할 곳이 있다. 마찬가지로 신앙인들이

---

34 山上垂訓 : 마태복음 5~7장까지 산위에서 가르치신 성도의 바른 삶과 율법의 근본목적을 말함
35 勸善懲惡 : 선을 권장하고 악은 벌을 받는다는 사자성어

있어야 할 곳을 **"너희는 세상의 빛이라… 말 아래에 두지 아니하고 등경 위에 두나니 이러므로 집안 모든 사람에게 비치느니라."**[36]고 하면서 있어야 할 곳이 어디인지 가르쳐 주시고 있다. 빛이 있어야 할 곳은 등경 위로 모든 사람이 볼 수 있는 곳이다.

어쩌면 이것이 기독교인의 숙명이다.

모든 사람이 다 볼 수 있는 곳이 어디인가?

구원받은 사람을 빛이라 예수님이 비유하셨듯이 우리는 이미 빛이라는 정체성을 잃지 않아야 한다. 그것은 빛이 있어야 할 곳은 **"말 아래"**[37]가 아니라 "등경 위"라는 것이다. 물론 빛은 숨기려 해도 숨길 수 없다.

그러나 우리의 빛이 사람 앞에 비치어서 하나님께 영광이 되느냐? 아니면 욕되게 하느냐? 하는 것이다.

얼마나 많은 사람들이 구원받았다면서 이기적인 모습으로 살고 등불을 "말 아래" 두는 비겁한 모습은 아니었나? 하는 것이다.

하나님의 뜻은 예수 믿는 사람들을 통하여 하나님 나라를 만드시려는 것임을 알아야 한다.

우리가 소금이고 우리가 빛이다.

자부심을 가져도 되는 이유가 있다. **"하늘에 계신 너희 아버지께 영광을 돌리게 하라."**[38] 하늘에 계신 하나님이 **'너희 아버지'** 이

---

36 마태복음 5:14~15
37 '됫박 아래' 라고 공동번역 성경은 설명
38 마태복음 5:16

시다. 하나님을 너희 아버지라고 일깨워 주시는 것이라면 우리는 소금이며 빛의 아들이며 빛이다.

아직은 위선의 모습으로 살지만, 우리의 본체는 위선의 모습이 아닌 **'거룩한 선'**임을 깨닫고 우리 안에 내재해 있는 위선을 조금씩 벗고 진짜 "착한 행실"의 모습으로 하나님께 영광을 돌리고 우리에게 예수님을 보여주는 삶을 살려고 하는 애씀이 있어야겠다(마 5:13~16).

7) 교회에도 계급이 있나요?

목사, 장로, 권사, 안수집사, 집사 등 교회에도 계급이 있나요?
교회는 계급이 없어야 한다.

직분은 계급이 아니다. 그러나 실제는 계급장을 단 군인처럼 행동하고 또 그렇게 받아들이고 있다. 그렇다면 교회에도 계급이 있는 것이다.

교회에서 가장 높은 계급을 가진 사람은 누구일까?

이것이 참으로 애매하지만, 책임을 질 때와 영광을 누릴 때, 제직회[39]를 할 때와 공동의회[40]를 열 때, 당회 등등 가장 높으신 분이 유동적이다. 어떤 목사님은 그 직함에 당회장 OOO 적는데 정말 잘못된 호칭이다. 또한 예배 시 어떤 목사님은 성의가 아닌 박사 가

---

39 교회의 직분자 들의 회의로 정기적 혹은 제직회장이나 제직1/3의 요청으로 이루어짐
40 교인총회라고도 칭하기도 하며 18세 이상의 무흠 세례교인 모두가 회원으로 이루어진 교회의 최고결정회   의(참고: 예장통합총회 헌법)

운[41]을 입고 예배를 인도하는 것을 보았다. 정말 꼴불견 중의 꼴불견이다. 박사 가운은 특별한 행사, 즉 학위를 수여하는 등의 자리에서 자신의 후배들에게 선배로서 축복하는 자리에서 권위와 출신학교를 상징하여 입는 행사용 가운일 뿐이다. 그런데 그 가운을 예배를 인도하면서 성의처럼 착용하는 것은 마치 로마가톨릭의 사제 흉내를 내는 무지함에서 비롯된 것이다. 그렇게 해야만 자신의 권위가 높아질 것으로 착각하는 것이다.

권위와 계급은 근본적인 차이점이 엄연히 존재함을 알아야 한다.

권위는 계급이 아니다.

계급은 말처럼 급수의 단계로서 수직적인 구조에서 만들어진 상명하복의 전제적인 조직이다. 위 계급은 아래 계급 자에게 명령 또는 지시 등을 하고 아래 계급은 그 명령을 따르고 지시에 복종해야 함이 그 질서이다. 그러한 조직의 특징은 통일된 제복을 입고 가슴이나 어깨에 견장 혹은 모자 등을 통하여 그 높낮이를 표시한다. 아울러 아래 계급의 사람은 위 계급의 사람에게 경례 등으로 예를 갖추어야 한다.

그러나 권위는 수평적인 구조이지만 그 어떤 규범이나 정의, 공동체의 존재 이념에서 만들어준 위치라고 할 수 있다. 특히 목사의 권위는 공동체의 대표이지만 가장 높은 계급이 아니다. 마치

---

41 박사 학위를 받은 사람이 전공과 출신학교 고유의 가운으로 양쪽 팔에 3개의 줄로 표식

중세시대의 원탁이 그 대표적인 모범이라고 할 수 있다. 그러면 서도 그곳에서 존경과 지도자로서 공동체를 이끌고 나가는 힘이 권위이다.

교회라는 공동체에서 가장 높은 권위로 결정을 하는 것은 공동 의회라는 기관이다. 성경에서의 예는 이스라엘이 미스바[42]에 모여 기도하고 결정했던 미스바 총회와 예루살렘 총회를 연상하면 될 것이다.

계급이 존재하는 교회는 공동체가 아니라 기업의 이미지임을 알아야 한다.

교회는 기업이 아니다. 이윤을 추구하는 조직이 기업이기에 교회는 이윤을 추구하는 곳이 아니라 하나님 나라의 일을 하는 예수 그리스도를 구주로 고백하는 공동체이다. 따라서 계급이라는 개념이 아니라 목사와 장로 그리고 회중이라는 넓은 수평적 형태의 의사진행이 이루어지는 계급 없는 곳으로 특별하다.

그럼에도 교회가 수직적인 구조와 명령과 복종의 관계로 이루어져 마치 군대의 계급사회같이 느껴진다면 그 교회는 이미 교회가 아니다. 사업의 극대화를 위한 조직일 뿐 교회는 아니다.

교회의 머리라고 한다면 오직 예수 그리스도뿐이시다.

---

42 구약에 나오는 지명으로 특히 사무엘 선지자가 미스바 광장에 모여 회개 기도를 했던 곳으로 이스라엘의 첫 번째 왕인 사울을 뽑았던 곳.

8) 교회의 주인은?

교회에도 주인이 있나요?

교회의 소유권을 말하는 것은 아니다. 그럼 세상 사람들은 교회의 주인이 누구라고 말하는가?

1.담임목사, 2.장로, 3.교인들의 모임(공동의회, 혹은 제직회), 4.노회, 5.교단

정답은 교회의 주인은 하나님이다.

목사는 소속이 교회가 아니라 노회의 소속이다.

반면 장로는 교회 소속이다.

그렇다면 하나님의 대리인이 누가 되어야 하는가? 하는 문제가 있다.

사실 이 문제로 인하여 교회 내의 재산권 다툼이 심심치 않게 일어나곤 한다. 굳이 교회의 주인을 말하자면 실제로는 힘이 있는 자의 것이다.

목사가 힘이 있으면 목사의 것이 되고, 장로가 힘이 있으면 장로의 것이 되고, 교인들의 모임이 힘이 있으면 그들의 것이 되고 심지어 노회가 힘이 있으면 교회는 노회의 것이 되기도 한다.

그럼 어떤 힘이 있어야 할까?

숫자와 돈이다.

정말 아니라고 하고 싶다. 그렇지만 작금의 한국교회는 교회의 주인은 돈과 숫자라는 힘이 제일 크게 작용하고 있음을 부인하지 못한다.

이러한 소유의 다툼과 교회 내의 여러 가지 문제를 해결하고자 교회에, 노회에, 총회에 재판국이라는 기관이 있다.

재판국은 교회와 노회 등에서 고소 고발 사건이 있을 때 누가 옳은가를 재판하는 기관이다. 서로가 옳다고 서로가 주인이라고 하기에 그 싸움이 한국교회에서 끊이질 않고 있다. 툭하면 세상처럼 고소와 고발이 남발하고 있고 너 죽고 나 살자! 식의 개싸움을 방불케 하는 싸움은 쉽게 교회라는 곳에서도 목도할 수 있다.

그러는 사이 교인이라고 하는 일부의 사람들은 내 편, 네 편으로 나뉘어서 마치 조직폭력배들처럼 몸싸움까지도 마다하지 않는다. 보통의 교인들은 혀를 끌끌 차며 견디다 못해서 교회를 옮기거나 심지어 가나안 교인으로 상처를 안은 채로 교회를 떠나는 악순환이 계속되고 있다.

성경 에베소서와 골로새서는 예수님이 교회의 머리[43], 즉 교회의 주인이라고 선언하고 있다. 또한 예수님도 **"내 집은 만민이 기도하는 집이라"**[44]고 말씀하셨다.

교회는 하나님의 집이요 기도하는 집이요 예수님을 그리스도로 믿는 사람들의 공동체이다. 그리고 그 공동체의 머리는 예수님이시다.

혹시 독자들이 출석하는 교회가 사람이 주인이라면 그 교회는 교회가 아니요 기업이다. 사람이 주인 된 교회는 성령님이 역사하

---

43 에베소서 5:23; 골로새서 1:18
44 이사야 56:7; 마태복음 21:13

지 않고 기업의 논리와 돈이 힘으로 나타나는 세속화된 이윤추구를 목적으로 하는 단체라고 말할 수밖에 없다.

이 세상에서 말하는 힘은 결국 돈이고 숫자이지만 하나님의 힘은 말씀이고 경건이며 거룩함이다.

당신이 속한 교회의 주인은 누구입니까?

예수 그리스도라고 당당히 말하는 교회이기를 바란다.

9) 죽음은 끝인가요? 타 종교에서는 환생한다고 하는데?

이것이 우리들의 고민이기도 하다.

〈신과 함께〉[45]라는 영화가 몇 년 전 공전의 히트를 쳤다.

이 영화는 불교의 7대 지옥을 빌려와서 귀인의 삶을, 그 지옥에서의 심판장을 신으로 묘사하고 있는데 물론 착하게, 선하게 살아야 함을 기본적인 생각으로 가지고 있다. 영화에서는 죽은 자를 인도하는 차사가 지옥의 신 앞에서 변호도 하고 악귀를 물리치는 역할을 하고 있다. 이생에서의 공덕을 말하고 있는 부분은 불교의 공덕 사상을 말하고 있다. 그들의 말에 의하면 이 지옥을 넘을 수 있는 사람을 귀인이라고 하는데 과연 그런 사람이 있을까? 라는 질문을 하게 된다. 또한 영화에서는 귀인만이 환생한다고 한다. 그렇지 못하면 짐승으로 이생에 돌아온다고 한다.

이는 불교 문화권, 정확히 말하면 불교의 영향이다.

---

45 2017년 12월 20일 개봉

불교 문화권 가운데에서도 유독 우리나라는 00년생보다는 00 띠라는 말을 더 많이 사용한다. 그 12가지의 짐승[46]을 12 지간지[47] 라고 하는데, 즉 사람은 이생의 삶의 공덕에 따라 12 짐승 혹은 사람으로 태어나고 그 운명에 붙들려 있다고 한다.

그들의 말로 '귀인'만이 환생한다고 하는데, 과연 공덕을 쌓아 자신의 힘으로 귀인 될 사람이 얼마나 될까? 라는 의문이 생긴다.

환생한다고 다른 사람으로 다시 태어난다는 거짓 희망을 주고 있는 것은 아닐까?

사람들이 종교를 통하여 아무리 고민을 했다고는 하지만 생과 죽음의 문제에 대한 명확한 해답이 되지 못하고 있다.

환생을 하고자 하는 이유는 무엇일까?

후회! 즉 회한일 것이다. 이번 생은 잘살아서 환생했으니 다음 생은 자기 하고 싶은 대로 막 살려고 하는 걸까? 아니면 반대로 이번 생은 잘못 살았으니 다음 생은 잘살아야지! 라고 하는 것일까?

여기에서 지나칠 수 없는 문제가 있다. 이번 생을 잘살아서 환생했다고 치면 다음 생은 막살까? 또 이번 생은 잘못 살았으니 다음 생은 환생하지 못하고 짐승으로 태어나는 것 아닐까?

결국 거짓 희망 고문이라는 말이다. 희망 고문을 가지고 사람들을 속이고 혹세무민하는 것이다.

환생! 물론 여러 가지의 사례들을 들어서 환생이니 뭐니 하는 것

---

46 쥐, 소, 범, 토끼, 용, 뱀, 말, 양, 원숭이, 닭, 개, 돼지의 순
47 자 축 인 묘 진 사 오 미 신 유 술 해

들 대부분은 주관적인 생각이 아닐까?

누구든 후회 없는 삶을 사는 사람이 있을까? 하는 의문이 있다.

내 힘으로 환생이라는, 다른 사람으로 다시 태어나서 전 사람의 기억을 갖고 산다는 것 자체가 고통이라고 생각한다.

그렇다면 개, 돼지 등 짐승들도 이전 생에 대해 사람 혹은 다른 짐승이었던 것을 기억하고 있다는 말이 되는데 이는 도저히 용납도 이해도 할 수 없는 모순이요 거짓이다.

오히려 환생이 아니라 부활의 영생을 말하는 것이 맞지 않을까?

기독교의 부활은 다시 살아나는 것이다.

그 이유는 영생의 은총을 입은 것으로 구원받은 자에게 주시는 하나님 나라의 약속이다.

그러나 부활은 자신의 힘으로는 할 수 없음을 알아야 한다.

왜냐하면 구원받은 자가 부활하셨던 예수님처럼 영생체로 부활하는 것인데 **부활은 전적인 십자가 은총일 뿐이다.**

나의 행위? 돈? 그 무엇으로도 얻어지는 것이 아닌 오직 십자가 예수를 믿는 믿음뿐이다.

만약 부활과 영생을 돈으로 사는 것이라면 공양미 삼백 석에 살 수 있을까?

버진갤러틱[48]이라는 회사가 우주여행을 예약 받았다고 한다. 지

---

48 미국의 우주산업업체

상 90km 상공에서 약 40분간을 머물면서 우주를 유영까지 드는 비용은 250만 달러[49], 또한 스페이스X도 2021년 우주 관광 예약을 받았는데 4인 탑승 자율 운행 타입의 우주선을 타고 우주정거장에서 10일간을 여행하고 귀환하는 데 그 비용으로 1인 약 655억 원을 책정했다고 한다.

우주여행도 이렇게 엄청난 돈을 지불하는데, 부활이라면 과연 얼마를 지불 해야 할까?

사람의 삶에 잠시도 없어서 안 될 꼭 필요한 것, 공기(산소)는 돈으로 환산하지 않는다. 그 이유는 모든 사람들이 살아가는데 꼭 필요한 것이기 때문이다.

그렇기에 영생의 시작인 부활은 돈으로 구하는 것이 아니라 오직 한 가지 하나님을 믿는 믿음뿐임을 잊지 말아야 한다.

거짓 희망 고문인 환생에 속지 말고 진리인 부활의 영생을 믿기 바란다.

10) 신앙생활과 사회생활을 같이하기가 힘들어요?

신앙생활을 하려면 사회생활을 제대로 못 할 것 같은 생각이 든다고 한다.

설교를 듣다 보면 교인들은 하지 말아야 할 것들이 너무 많은 것 같은데 이것을 죄라고 표현한다. 그래서인지 교회 나가기가 싫다

---

49 한화 약 3억원

고 말하는 사람들이 의외로 많은 것은 사실이다.

진짜로 술 먹는 것이 죄일까? 담배 피우는 것이 죄일까?

개신교 인구가 줄어들고 있다. 개신교 인구 중 남자보다 여자의 수가 훨씬 많다. 그 이유가 무엇일까?

물론 핑계일 수도 있다. 그러나 술과 담배 문제가 교회의 출입에 제약이 되는 것은 사실이다.

여러분들의 주위에 술과 담배 문제로 교회에 나오지 못하는 사람들은 없을까?

기독교는 천주교[50]와 개신교[51]를 합해서 부르는 말이다. 그런데 천주교는 술과 담배를 금지하지 않고 열어 놓았다. 술과 담배가 구원과 믿음과는 연관이 없다는 것이다. 이런 기독교 간의 이견 때문에 천주교에는 구원이 없다! 라고 단정하는 개신교인들도 있다. 물론 이 논란의 문제를 개신교의 교리와 교권으로 정해놓은 이유도 있다.

개신교에서 교리에 금지하도록 규정한 술과 담배를 하는 사람들은 정말 구원을 받지 못할까요? 라는 반문을 하게 된다.

천주교와 개신교의 구원론은 조금 차이가 있는 부분이 있다.

천주교는 사회구원에 큰 부분이 있다면 개신교는 개인 구원에 초점이 맞추어져 있다.

---

50 로마 가톨릭을 한국에서는 천주교라 부르기도 함
51 루터의 종교개혁이 시작이지만 보통은 개신교(프로테스탄트)라 하지 않고 기독교라 칭함

이제 예수님이 이 땅에 오셔서 바리새인과 서기관 등 종교 기득 권자들을 향해 외쳤던 '독사의 자식들'이라고 말씀하셨던 이유를 살펴보아야 한다. 유독 우리나라 개신교에서만 술과 담배에 대한 편견이 있는 건 아닌가 하는 생각을 지울 수가 없다.

술과 담배를 사탄이라고 규정짓는 이유가 분명 있을 것이다.

우리나라의 선교역사에서 충분히 이해할 수 있는 규범이었다. 그로 인하여 깨끗하고 정결한 이미지로 개신교는 사람들에게 인식되었고, 폭발적인 부흥과 성장을 가져왔던 것은 사실이다. 그러나 지금의 상황은 선교 초기의 그때와는 오히려 반대의 상황이 되고 있음을 부인하지 말아야 한다.

교리보다는, 아니 규범과 약속보다는 성경으로 돌아가야 할 이유이기도 하다.

전통과 교리가 구원에 걸림돌이 되어서는 안 된다.

그런데도 한국의 개신교는 이 틀을 아직도 깨지 못하고 있고 그리하여 젊은이와 남자 성도들의 발길을 막고 있다.

이제라도 틀을 깨고 열어야 한다.

술과 담배는 개인의 기호일 뿐이다. 반대로 여기에 대한 반론도 있다. 그러나 술과 담배를 금지하는 문제로 인하여 교회에 나갈 수 없도록 만들고 나아가서 구원을 막는다면 이것은 더 큰 사탄의 방법은 아닐까?

물론 술과 담배가 몸에 이롭지 않다는 것은 누구나 알고 있다. 알고 있는 것을 실천하는 것은 개개인의 건강 유지에 도움이 되지만, 몸에 유익하지 않은 음식을 참지 못하고 먹는 것은 어찌 보면 사람의 욕망일 수도 있다.

예를 들면 개신교에서 콜라를 먹으면 구원을 못 받는다고 할 수 있나?

콜라와 술의 차이점이 많을까?

술을 약주라고 하는 말은 우리나라의 어른들이 하던 말이었다.

담배도 마찬가지가 아닐까?

요즈음 담배를 피우는 사람들의 설움이 많다. 여기저기로 담배를 피울 공간을 찾느라고 헤매며 다니는 것을 보면 어떤 경우에는 불쌍해 보이기도 하고 꼭 그렇게까지 해서 피우고 싶을까? 하는 안쓰러움도 있다.

청정나라로 불리는 싱가포르처럼 한국의 정부도 '국민의 건강을 위해서'라며 담배 가격을 올려놓았더니 그것도 2~3개월이 되지 않아서 원상 복귀 되는 웃픈[52] 현실이 되었다. 그리고 술처럼 관대한 나라가 우리나라 말고 또 어디에 있기는 할까? 그런데도 유독 한국의 개신교는 이 문제에 얽매여 있는 모순을 갖고 있고 그로 인하여 교회에 큰 걸림돌이 된다는 생각이 든다.

술과 담배 문제는 개개인의 취향으로 넘겨주는 것이 교회의 넓은 아량이 되면 어떨까? 라고 제안한다.

교회는 용서와 사랑의 종교라고 말하면서 유독 술과 담배 문제에 잣대를 들이대며 술 담배를 끊지 못하는 자들을 죄인 중의 괴수

---

52 웃기기도 하지만 슬픈 현실을 빙자한 유행신조어

처럼 여기고 이것이 교회에 나올 수 있는 자격처럼 묶여 있는 것은 참으로 답답하다.

"수고하고 무거운 짐 진 자들아 내게로 오라 내가 너희를 쉬게 하리라"[53] 라는 말씀을 이렇게 바꾸어야 할까? '수고하고 무거운 짐 진 자들 중에 술 담배 안 하는 자들만 내게 오라 내가 너희를 쉬게 하리라'라고 하든지 **"나는 의인을 부르러 온 것이 아니요 죄인을 부르러 왔노라"**[54]라는 말씀을 '나는 술 담배를 안 하는 죄인들만 부르러 왔다'라는 성경 말씀으로 고쳐야 할까?

누구든지 예수를 믿기만 하면 구원을 받는다! 라고 개신교가 늘 선포하는 것처럼 이제는 조건, 자격, 음식, 기호식품 등등의 문제로부터 예배당 문을 활짝 열고 문턱을 없애는 교회가 점점 많아지는 혁신이 필요한 때가 되었다고 생각된다.

11) 왜 우상에게 절하지 말라고 하는지? 혹 십자가도 우상 아닌가요?

우상(偶像)은 말 그대로 맹목적인 인기를 끌거나, 숭배되는 대상을 비유적으로 이르는 말로, 종교에서는 인위적으로 만들어 신처럼 떠받드는 신의 형상을 말한다.

그리고 기독교에서는 하나님 이외에 나무, 돌, 쇠붙이, 흙 따위

---

53 마태복음 11:28
54 마가복음 2:17

로 만든 사람이나 신의 형상을 신앙의 대상으로 섬기는 것을 말한다. 즉 신은 누가 만들어서 존재하는 것이 아니다. 그런데 우상은 사람이, 토템이즘[55]이 만들어낸 것이다.

사람들은 눈으로 봐야만 인정할 때가 많다.

전도하다 보면 가끔 이런 말을 듣기도 한다. 예수님을 보여줘 봐요! 그러면 믿을 테니까! 라고 말이다.

구약시대에도 모세가 하나님의 부름으로 시내 산에[56] 올라갔을 때 산 아래에 있는 사람들은 모세가 내려오지 않자 불안하고 궁금해서 자신들이 갖고 있던 금 고리를 내어놓고 송아지의 형상으로 만들고 **"이스라엘아 이는 너희를 애굽 땅에서 인도하여 낸 너희의 신이로다!"** [57]라고 했던 기록도 있다. 이러한 이스라엘 백성을 보시고 하나님이 모세에게 명령하신 것은 **"다른 신을 네게 두지 말고, 너를 위해 새긴 우상을 만들지 말고, 어떤 형상도 만들지 말며, 그것에게 절하지 말고 섬기지 말라"**[58]하셨다.

우상 문제로 기독교 역사는 화상논쟁[59]으로 교회가 혼란한 시절도 있었다. 지금도 가톨릭 성당에 가보면 수많은 형상, 그중에서 성모 마리아의 형상과 성인으로 불리는 여러 사람들의 형상이 성

---

55 자연숭배를 하는 일종의 미신적인 형태로 큰 나무, 돌, 등에게 절하고 기도하는 원시적인 신앙
56 출애굽기 32:1~6
57 출애굽기 32:4
58 출 20:3~5
59 화상논쟁(the Iconoclastic Controversy): 자세한 설명은 참조에 발췌하여 전문을 수록

당 곳곳에 인테리어가 되어 있고 로마가톨릭의 심볼(Symbol)[60]인 십자가에 달리신 예수님의 형상이 함께 있어서 개신교 예배당에 있는 십자가와는 차이가 있음을 볼 수 있다.

우상을 만드는 것은 인간의 내면에 잠재되어 있는 어떤 두려움과 불안을 떨쳐버리기 위한 심리도 있다. 심지어 만든 것을 몸에 지니고 다니기도 한다.

예수 믿는 사람들이 금 십자가를 목에 걸고 다니는 것도 우상이라고 말하는 사람들도 있다. 이것을 우기기 시작하면 참으로 애매하지만, 십자가 목걸이, 그리고 예배당의 십자가는 우상이 아니라 기독교를 상징하는 심볼(symbol)이다.

더 중요한 것을 놓칠 수 있다. 그것은 눈에 보이는 우상보다 눈에 보이지 않는 우상이 더 큰 문제일 수 있다. 눈에 보이는 우상은 구별하기가 쉽다. 위에 언급한 화상논쟁은 니케아 회의[61]를 통하여 어느 정도 정리가 되었음에도 아직도 약간의 논란거리는 계속 있다.

그럼 보이지 않는 우상은 무엇인지 정리한다.[62]

1. 하나님보다 더 귀중히 여기고 있는 물건이나 돈 등의 물질

2. 하나님보다 더 마음속으로 의지하고 있는 권력, 지위, 조직, 사람 등

---

60 상징, 기호 등으로 번역할 수 있음

61 787년 제2차 니케아 종교회의를 통하여 성상과 화상 일부에 대하여 인정하고 합의를 했으나 이로 인하여 동   서양 교회로 분열되는 빌미가 되었다

62 이 글은 신학적인 연구가 아닌 목회자로서 성도들에게 가르친 내용과 설교의 내용을 쉽게 요약한 것임을 다시 밝힙니다.

3. 하나님보다 세상 사람들의 이목과 체면을 중요시함(명예, 형식, 전통 등)

공통점은 '**하나님 보다**'라는 것이다. **하나님을 대신하는 것이** 우상이다.

그럼 내가 가지고 있는 우상은 없는가?

하나님은 질투의 하나님이라고 말씀하신다. "**나 외에 다른 신들을 네게 두지 말라**"[63] 또한 "**너를 위하여 새긴 우상을 만들지 말고 그것들에게 절하지 말며 섬기지 말라**"[64]

이것이 하나님이 우리에게 원하시는 것이다.

그럼 보이지 않는 우상을 이기는 방법이 있어야 한다.

원인을 몰라서 해결하지 못하는 것이다. 우상이라는 실체를 알면 이겨낼 수 있다.

"적을 알고 나를 알면 백전백승 한다."[65]는 것을 우리는 잘 알고 있다.

나도 모르게 마음속에 품고 있는 우상을 버리고 하나님의 말씀으로 채워야 한다. 그러할 때 하나님의 자녀에게만 주시는 은총이 있다. 우리는 모두가 부족한 사람들이다. 그러므로 자신이 부족한 사람임을 깨닫고 자신의 모습을 있는 그대로 사랑하시는 주님이 함께하신다는 믿음을 가지고, 주의 능력을 의지하며 부족한 부분은 채워서 영육 간에 강건한 자신을 만들어야 한다. 그리하여 하나

---

63 십계명 중의 제1계명
64 십계명 중의 제2계명
65 손자병법

님만을 섬기며 하나님께서 주시는 복의 주인공으로 복의 통로로 당당하게 살아갈 수 있어야 한다. 할렐루야!

12) 사명을 감당하라는데, 재능이 아무것도 없는 것 같아요

탤런트![66] TV 연기자를 부르는 말이다.

탤런트(talent)의 뜻은 재능 또는 재인(才人)이라는 뜻을 가지는데, 그 원어는 고대 히브리인, 이집트인, 그리스인 및 로마인이 사용한 무게 단위이다. 그 증거로 개역 개정판 성경에서의 "달란트"[67]로 사용하고 있는 원어의 근원이기도 하다.

사람들의 고민이 나는 재능이 없어! 라고 생각하는 것이다.

왜 나는 이리도 재주가 없을까? 하는 푸념을 빗대어서 막 손 혹은 똥손[68]이라는 말까지 하고 있다.

우리가 분명히 알아야 할 것이 있다.

"굼벵이도 구르는 재주가 있다."라는 격언이 있다.

하물며 사람으로 태어난 우리에게 아무런 재능이 없다고 하는 것은 어떻게 생각하면 패배자들이나 하는 말이고 사단의 계략임을 알아야 한다. 사단의 계략은 우리를 부정적으로, 패배자로, 자포자기로, 낙심으로, 분열자로, 그리고 쓸모없는 자라고 생각하게 하여 소망 없는 사람으로 만들려고 하는데 이것이 사단의 방법이다.

---

66 talent 텔레비전의 드라마에 출연하는 연기자.
67 헬라(그리스)어로 기록된 탤런트를 한국어로 번역한 말
68 무슨 일이든지 안 되고 망하게 만드는 것을 비유하여 사용하는 은어 같은 유행어

하나님의 방법은 살리고, 회복시키고, 소망을 주고, 하나 되게 하고, 용서하고, 사랑하고, 그리고 구원받은 자로 우리를 만들려 하신다.

모든 사람에게는 하나님이 주신 재능이 있음을 잊지 말아야 한다.

물론 그 재능이 똑같은 양과 모습은 아니다. 그 사람의 분량대로 주셨다. 아직도 자신의 재능이 없다고 생각하는 것은 숨겨진 재능을 발견하지 못한 것뿐이다.

재능이란 내가 재미있으며 어렵지도 않고 성과도 제법 나타나는 일을 하는 능력이다. 때론 누가 가르쳐주지 않았음에도 그 일을 잘하고 있는 것이다. 여기에 조금만 가르침이 더하여지면 그 기량과 솜씨가 남들보다 탁월하게 나타나는 특징이 있다. 누구든지 어떤 일은 할 때 행복하다! 라고 느껴지는 순간이 있는데 이 일이 재능이다.

이러한 재능을 하나님이 사용하실 때, 하나님이 기뻐하시는 일에 사용하는 것을 은사 혹은 사명이라고 한다. 즉 모든 사람이 하나님의 자녀가 될 수 있고 누구든지 하나님의 사명을 감당할 수 있다.

사명은 꼭 내가 해야 할 일을 하는 것이기도 하다. 즉 내가 하고 싶지 않아도 해야 하는 책임감이 있는 일이다.

중요한 것은 먼저 자신에게 있는 재능을 발견하여야 한다. 그 방법은 자연스럽게 알게 되기도 하고 가까운 지인들이 알고 가르쳐주기도 한다.

필자의 경험에 의하면 그림이라고는 중학교 때 특별 활동 수업으로 미술반에 마지못해 가서 석고상 스케치와 수채화 몇 번 그렸던 것이 전부이다. 그런데 둘째 딸아이가 초등학교 때 미술대회에 나가면 입상을 해오는 것이었다. 따로 미술을 가르쳐준 적도 없는데 말이다. 그저 그러려니 생각하여 잊고 있다가 안식년과 결혼 30주년을 기념하여 아내와 같이 프랑스의 루브르 박물관에서 그림을 감상하던 중에 나도 모르는 사이에 눈물이 줄줄 흘러내리고 그림에서 전하고자 하는 메시지가 느껴지는 것 같고 그 자리에서 전율을 느끼며 굳어버린 것 같은 느낌을 받았다. 왜 그러지? 라고 의아해하면서 '다음에 꼭 다시 와야지!' 라고 다짐을 하다가 둘째 딸아이가 어렸을 적 그림에 소질을 보였다는 기억이 새롭게 떠올랐다. 그때서야 알았다. 나에게 미술에 대한 재능이 있구나! 라고 말이다. 아쉽게도 둘째 딸아이의 소질을 계속해서 살려주지 못한 아쉬움이 있다. 그리고 새로운 소망도 있는데 목회 은퇴를 하면 미술도구를 챙겨서 여기저기를 자유롭게 다니며 그림을 그려야지! 하는 생각을 하게 되었다. 그러나 지금은 목사가 하나님이 주신 천직이라고 믿고 생활하고 있다. 왜냐하면 신학 공부를 하면서부터 설교에 대한 훈련을 넘치도록 받았는데, 그 시간이 너무 행복하고 즐거웠다. 그래서 그런지 주위에서 '설교에 대한 은사를 갖고 계신 것 같다!' 라는 말을 여러 번 들었다.

교회에서는 달란트, 즉 재능을 은사라고도 한다.

우리에게는 하나님이 주신 재능 혹은 은사가 반드시 한 가지 이상 있음을 잊지 말고 그것을 찾아내서 유익하게 사용하는 것이 하나님께는 영광이고 자신에게도 은총이라는 사실을 알아야 한다.

나에게도 하나님이 주신 은사가, 재능이 있다! 이런 믿음으로 그 재능을 찾아 하나님이 하시고자 하는 일을 감당할 때 한국의 교회는 풍성한 열매를 맺으리라고 감히 말한다.

13) 착각하는 신앙생활

우리는 수많은 착각을 하며 살고 있다.

내가 하고 싶은 대로 하는 것을 자유! 라고, 자신의 생각과 방법은 옳다! 라고 착각을 하면서 살아가고 있다.

그럼 왜 착각할까? 그 답은 자기 생각이 먼저이기 때문이라고 할 수 있다.

우리만 착각하며 사는 것이 아니다.

자신의 지지자들만 모여 있는 곳에서의 함성을 국민의 뜻이라고 말하는 수많은 정치인도 대단한 착각 속에 사는 사람들 같다. 이러한 착각은 시대와 인종을 뛰어넘는다.

예수님의 제자들도 주님과 함께 동고동락[69]을 하면서도 주님에 대하여서 엄청난 착각을 한다. 예수님의 능력을 보고서는 이제 그들의 삶을 지배하였던 율법은 필요 없다고 생각하고 있다.

그렇다면 예수님의 방법은 어떨까?

---

69 同苦同樂: 괴로울 때나 즐거울 때나 항상 함께한다는 뜻.

제자들의 첫 번째 착각은 **예수님이 오셨으니 율법, 즉 형식은 필요 없다!** 라고 생각한다. 그러나 예수님은 그렇게 말씀하지 않으셨다. **"내가 율법이나 선지자를 폐하러 온 줄로 생각하지 말라 폐하러 온 것이 아니요 완전하게 하려 함이라."**[70]

율법을 주신 분은 하나님이시고 모세를 통해 이스라엘 백성들에게 주신 것이다. 그러나 세월이 흐르면서 그 율법이 예수님 당시에는 어떻게 운영되었나?

율법의 10계명이 서기관, 바리새인, 사두개인 등 기득권자들의 해석에 따라 변질되었던 것이다. 아무리 율법이 변질되었다 하더라도 그것은 사람들의 오류이지, 하나님의 잘못은 아니다. 사람들의 오류를 잡는다고 율법 자체를 폐기하는 것은 아니라는 것이다.

예수님의 역할은 율법이라는 형식을 제대로 만드시려는 것이다.

율법이 그릇이라면 복음은 내용이다. 내용을 담으려면 형식인 그릇의 율법이 당연히 필요한 것이다.

두 번째 착각은 **예수님과 목표가 달랐다.**

"한 마리의 여우가 토끼를 쫓았습니다. 하지만 토끼를 잡을 수가 없었습니다. 집에 돌아온 여우를 향해 아버지 여우는 질책했습니다. 토끼 한 마리도 잡지 못하냐고 버럭 화를 냅니다. 여우가 말했습니다. '나는 한 끼의 식사를 위해 뛰었지만, 토끼는 죽기 살기

---

70 마태복음 5:17

로 뛰는 데 따라잡을 수 없었어요!" [71]

죽기 살기로 한다는 말을 우리는 너무 쉽게 사용한다.

그러나 정작 작은 것은 무시할 때가 많다.

큰 건물도 작은 모래부터 시작한다는 것을 우리는 알면서도 간과할 때가 자주 있다. "작은 것"은 버려도, 무시해도 된다고 생각하는 것이 착각이다.

예수님의 방법은 죽기 살기로 이 땅에서 행하시고 가르치셨다. **"그러므로 누구든지 이 계명 중의 지극히 작은 것 하나라도 버리고 또 그같이 사람을 가르치는 자는 지극히 작다 일컬음을 받을 것이요 누구든지 이를 행하며 가르치는 자는 천국에서 크다 일컬음을 받으리라."**[72]

마지막 착각은 **책임이 없다! 라고 생각한다.**

천국에 가는 것을 그저 은혜라고만 생각하는 것이 착각이다. 구원은 공짜가 아니다. 오직 믿음으로 구원받는다고 하니까 마치 공짜처럼 여기고 있다. 구원받은 사람의 책임은 거룩하고 경건한 신앙생활이다. 신앙생활은 구원받은 사람들의 삶을 말하는 것으로 "의"라고 주님은 말씀하신다.

"내가 너희에게 이르노니 너희 의가 서기관과 바리새인보다 더 낫지 아니하면 결코 천국에 들어가지 못하리라."[73]

---

71 〈내 마음의 선물〉 중에서/ 박정은 발췌
72 마태복음 5:19
73 마태복음 5:20

혹시 우리도 자신의 방법을 예수님의 방법이라고 착각하며 신앙 생활을 하지 않는가를 되돌아보아야 한다.

신앙생활의 착각을 이제는 고쳐야 할 때이다.

내 고집과 내 교만과 내 방법 그리고 편견, 이것이 착각이라면 하나님의 복음으로 새로운 삶을 살려고 애를 쓰는 신앙인들이 되어야 한다. 이것이 하나님께 영광을 돌리는 삶이다. 입으로만 하나님께 영광을 돌린다면서 어떻게 영광을 돌려야 하는지를 올바르게 깨닫고 행하기를 바란다.

복음은 죄로 인한 착각을 바로 잡는 것이다.

우리의 삶을 통하여 예수님을 보여주는 사람이 하나님의 사람이고 하나님께 영광을 돌리는 삶을 사는 사람이다.[74]

14) 거룩 거룩 거룩?

예수님을 믿는 사람은, 교회에 다니는 사람은 거룩해야 한다고 하는데 정확하게 거룩이란 무엇일까? 라는 고민에 쉽게 대답할 수 없다.

거룩의 뜻은 아는 것 같지만 막상 설명하려고 하면 잘 설명이 되지 않는다.

거룩은 성별, 분리, 헌신이라는 원어의 뜻으로 '성스럽고 위대하다'라는 사전적 의미가 있다.

---

74 마태복음 5:17~20 말씀을 중심으로

사람들은 타고난 기질이 다 다르다고 한다.

한방의학에서는 태양인, 태음인, 소양인, 소음인 등 사람들의 체질도 사상 4 체질, 혹은 사상 8체질로 나누어 치료해야 한다고 한다. 그런데 영의 체질도 있다는 것은 알고 있는가?

영, 성향이라고도 할 수 있는 마음의, 생각의 성품도 사람마다 달랐지만, 예수님을 구주로 고백하는 모습에서 거룩함이 잉태되고 싹이 나고 자라나고 열매를 맺는다. 이것이 성령의 열매이며 신앙생활이다.[75]

어렸을 적 위인전을 보며 이런 사람이 되어야겠다는 생각을 하곤 했었다. 이순신 장군을 읽으면 멋진 무인이 되고 싶다가도, 링컨의 일대기를 기록한 전기를 읽으면 멋진 정치가가 되어야겠다고 생각했다.

그렇다면 사람의 마음은 선천적으로 타고나는 대로 정해지는 것일까? 아니면 백지상태에서 배우고 듣고 익혀서 후천적으로 만들어지는 것일까?

교회에 다니면 거룩한 품성이 만들어지는가? 혹 거룩한 척하는 위선적인 모습은 아닌가?

거룩한 품성은 하나님의 성품, 즉 하나님의 속성이다.

하나님은 **"너희는 거룩하라 이는 나 여호와 너의 하나님이 거룩함이니라"**[76]라고 우리에게 명령하셨다.

---

75 에베소서 4:21~24
76 레위기 19:2

거룩은 사람들에게 나타나는 하나님의 선한 품성이다.

구체적으로 거룩은 세 가지로 요약할 수 있다.

첫째, 속죄함과 깨끗함

둘째, 하나님의 임재와 하나님의 말씀대로

셋째, 구별됨과 이스라엘 자손처럼

그럼 어떻게 해야 우리도 거룩해질 수 있을까?

이 품성은 **"하나님 말씀과 기도"**[77]로, 즉 경건의 신앙의 모습, 죄로 가려져 있던 허물을 벗고 참모습이 나타나게 되는 것이다. **"오직 너희는 심령이 새롭게 되어 하나님을 따라 의와 진리의 거룩함으로 지으심을 입은 새 사람을 입으라."**[78]

그럼 나는 거룩한가? 라는 질문에는 확실히 답할 수 있다. 아니다! 라고 말이다.

그러나 예수님의 십자가는 거룩하다! 그리고 예수님의 십자가로 나도 거룩하다고 칭함을 받았다! 는 고백을 한다.

그렇다면 나도 거룩해졌다! 라고 감히 말할 수 있다.

예수님을 믿는 사람은 거룩하다. 더 정확히 말하면 거룩의 옷을 입었다! 라고 고백하는 믿음을 가지고 죄를 미워하고 의에 순종하고 심판 앞에 두려워하지 않고 주님 앞에 당당하게 나설 수 있는 새 사람, 이것이 거룩이다!

할렐루야!

---

77 디모데전서 4:5
78 에베소서 4:23~24

글쓴이를 소개합니다

글쓴이는 목사이다.

* 초등학교 6학년 시절, 친척분의 전도로 예배당 안내를 시작으로 습관처럼 교회에 출석하였지만 군 제대 후 복학을 포기하고 직업전선에 뛰어들면서 교회와 신앙생활은 잊고 살았다.

* 하나님의 부르심

결혼 전에는 교인들을 흉보던 아내가 몰래 교회에 출석하고 있었다. 늦은 밤 연년생 아가들만 놔두고 철야 기도회에 참석하고 있는 아내를 보고 교회에 난입하여 난동을 부렸다. 그런데 '이 길은 내 길이 아닌데!'라는 회의가 들기 시작하던 어느 날 둘째 딸아이의 발병, 담당 의사에게서 뇌수막염 판정과 '가망이 없고 낫더라도 장애아가 될 확률이 높다'는 말에 나도 모르게 하나님을 불렀고 딸아이를 살려달라며 부르짖으며 회개하는 기도가 나왔다. 기적처럼 정말 딸아이가 회복되었다. 그렇지만 설마! 하는 의심이 들었다. 얼마 뒤 첫째 딸이 2층 난간에서 떨어져 위독하자 '나 때문이구나.' 하는 생각과 함께 또 한 번 하나님께 살려달라고 울부짖었다. 그러자 딸아이가 회복되었다. 그럼에도 설마! 하던 중 이번에는 저자가 추간판 탈출증으로 수술을 받게 되었다. 경과는 좋아서 3개월 만에 정상적인 생활을 할 수 있었다. 결국 주일예배를 드리는 것이 아니라 구경꾼으로 있던 중, 예수님이 내 앞에서 눈물을 흘리며 "너 때문에 아프다"라며 말씀을 듣게 되었다. 그렇게 다시 신앙생활을 시작하던 중 36세에 신학생의 길로 들어서게 되었다.

1. 목회의 길

P교회에서 6년 동안 있으면서 교육전도사를 시작으로 전임전도사를 거쳐 신학대학원까지 졸업하였고, 속초 S교회, 성남 Y교회, 원주 T교회에서 4년, 목사 안수 후 영월 C교회에서 15년 담임목회자로 재직하면서 성도들의 상처와 갈등을 위로하고 하나님의 말씀으로 치유하여 지역에서 인정받고 교회가 부흥되는 은혜를 입었다. 지역봉사로 노인학교와 영월지청 형사조정위원으로서의 봉사활동과 지역아동센터를 운영하면서 소외된 어린이를 돌보는 사역을 하였다.

2. 개척교회를 시작한 이유

15년의 영월 목회를 접고 새로운 비전으로 원주에서 '감동의 교회'라는 이름으로 2016년 9월 11일 개척 예배를 드리고 교회를 시작하였지만 어려움과 고통의 연속이었다. 그럼에도 하나님의 기적 같은 은혜로 예배당 건축 이전과 2023년(?) 3월 11일 재개척하는 심정으로 태장동에서 '감동의 교회' 두 번째 공간이라는 이름으로, 현재는 태장동 북원중 옆 '감동의 교회' 세 번째 예배당을 2023년 9월 11일 리모델링하였다. 기성교회에서 받은 상처로 교회를 떠나고 신앙의 갈등을 겪으며 이단의 유혹에 빠져 있는 '가나안 교인'들을 회복시키고자 하는 비전을 품고 저자는 신학교육 6년, 목회 생활 28년 동안 경험했던 것을 바탕으로 사명을 다지며 목회 현장에서 실천하고 있다.

3. 목회 철학

교회는 생명을 살리는 일을 위하여 존재하는 곳이요 목사는 그 일을 위해 헌신한 사람이라고 생각한다.

교회와 목사가 생명을 살리기 위하여 다음과 같은 철학과 비전을 세워야 한다.

1) 무너진 마음과 영혼을 회복시키는 일

2) 문제의 원인이 무엇인지를 깨달아 감사로 변화시키는 일

3) 사람을 세우는 일

4) 소망을 갖도록 하는 일

현대인들에게 있어서 가장 큰 문제는 인간 상실과 잃어버린 신앙, 영혼의 공허함, 소통의 부재로 인한 불통, 사회적 불신과 이기적인 모습, 될 대로 되라는 자포자기의 소망 없는 삶이다. 그러나 내면 깊숙이 신앙과 믿음에 대한 의문점과 궁금증은 많은데 속 시원하게 가르쳐 주는 곳이 없는 것이 현실이다.

이 일과 함께 **'한국의 개신교! 제2의 종교개혁'**을 시작하는 마음으로 이 글을 쓰게 되었다.

학력 서울장신대 신학과 졸업,
　　　장로회신학대학교 신학대학원 목연과정,
　　　바탕가스 주립대학(필) 철학과 B.A
　　　고려대 인문정보대학원 사회복지학과 석사.

이력 평촌교회 교육전도사, 전임전도사(안양 1994.6~1999.6)
　　　설악산교회 전임전도사(강원도 1999.6~2000.1)
　　　양문교회 전임전도사, 부목사(서울강동 2000.2~2001.6)
　　　태장교회 부목사(용천 2001.6~2002.10)
　　　축복교회 담임목사(강원 2002.11~2017.6)
　　　감동의 교회 개척 담임목사(평남 2017.9~2024 현재)

가족 4살 연하의 아내
　　　첫째 딸은 춘천에서 남편과 아들과 함께,
　　　둘째 딸은 남편과 함께 4남매를 기르며 단양에서 살고 있다.

"진리를 알지니 진리가 너희를 자유롭게 하리라"(요 8:32)
하나님은 당신을 사랑하십니다!

추천의 글

박영득 목사(두레줄기학교 이사장, 큰빛 교회 원로)

「교회 생활 설명서」가 무엇인가 하셨지요?

목사님이 목회의 본질을 쉽게 쓴 책입니다.

본질만큼 중요한 것은 없지요, 본질에 충실한 교회가 되어야 합니다. 그래야 주님이 기뻐하시는 교회, 건강한 교회가 될 수 있습니다.

이 책은 어떻게 하면 주님이 기뻐하시는 교회를 세울까 고민하며 쓴 책입니다.

목회자들에게 성도들에게 큰 도움이 되리라 확신하며 기쁨으로 이 책을 추천합니다.

김홍천 목사(서울장신대학교 전 이사장, 강릉노암교회 원로)

감동의 교회 권범수 목사님은 참 진실한 분입니다. 평소 마음 씀씀이도 선하고, 일상생활이 순박하고, 목회도 진정을 다 하고 있습니다.

특히 교인들이 어떻게 하면 하나님의 사랑을 받으며 복되게 살까? 고민하면서, 교인 한 사람 한 사람을 바르게 이끄느라 최선을 다하고 있는 목자입니다.

이번에 이 책자도 그런 차원에서 애쓴 결과물이라고 봅니다.

교회 생활과 신앙생활의 여러 가지 주제를 다루었더군요, 내용을 보니 아주 바르고 쉽게 쓰셨습니다. 성도들 신앙생활에 큰 도움이 될 것입니다. 감동의 교회에 출석하시는 분들은 모두 반듯한 신앙인이 되어 하나님의 칭찬 속에서 복되게 사실 것입니다.

여러분의 앞날을 축복합니다.

오명석 목사(장신대학교 은성수도원장)

권범수 목사님의 「교회 생활 설명서」 출간을 축하드립니다.

이 책은 기존 요람에 나오는 목차와 별반 다르지 않지만, 접근방법과 내용은 아주 다르다.

저자는 일반 교우들과 가나안 교인들이 읽을 수 있도록 쉽고 편안하게 글을 쓰고 있다. 그래서 그런지 내용은 기존 요람에 견주면 아주 새롭다. 저자는 신앙 상식과 바른 신학에 근거하여 우리가 알고 믿어야 할 것을 명쾌하게 설명한다. 특히 천국, 하늘나라, 하나님 나라 이해는 명확하다. 나도 한번 읽기 시작하자 쑥 빨려 들어갔다.

내 교인뿐 아니라 상처받은 가나안 교인들을 생각하는 마음이 감동이다!

조중현 장로(평남노회 증경노회장, 영주교회 장로)

권범수 목사님이 집필하신 「교회 생활설명서」는 교회를 잘 알지만 낙심한 분들이 건강한 교회와 건강한 성도로 세워지고 회복하는데 기본을 찾아가는 지침서가 될 만한 책으로 코로나로 생겨난 유튜브 신자나, 교회를 정하지 않고 자유로운 영적 상태로 신앙을 대하는 '안나가' 일명 '가나안' 신자들에게 바른 신앙생활의 기본을 전하고 있다고 생각합니다.

한국은 개화기에 여러 선교사들의 도움으로 근대화를 이루며 그 과정에 영향을 받은 지도자들이 민족을 이끌며 대한민국은 선교하는 나라가 되었고, 부흥을 경험하였습니다. 하지만 경제와 문화가 발전하며 소득이 높아지고 함께한 교회의 양적인 성장은 많은 문제점을 노출하였고, 21세기 첨단시대엔 대중문화를 선도하지 못하며 신뢰받지 못하는 교회는 성장을 멈추고 신도가 줄어드는 중에 있는데 이번 책이 도움의 안내서가 될 것 같습니다.

처음 복음을 접하는 신자들에게, 선대로부터 신앙을 물려받아 그리스도인이라 생각은 하지만 예배와 예전엔 참여하지 않는 젊은이들에게, 이번 지침서는 교회의 질서와 성직자와 성도와의 관계의 기초를 잡고 예배와 헌금과 봉사와 삼위일체 하나님과 하늘의 복이 은총이고 선물임을 명확히 설명함으로 신앙생활의 기본이 되는 길잡이가 될 줄 믿습니다. 또한 하나님 실존에 대한 고민을 해결 받고 교회를 다니는 기쁨과 확신을 얻게 되길 기대합니다.

아울러 바른 인격과 깊은 영성, 특별한 은혜와 은사로 교회를 섬기시는 권범수 목사님과 새로 부흥 이전한 감동의 교회가 말씀과 예전과 문서선교를 통해 하나님 앞에 행복이 넘치는 교회로 세워지며 부흥되길 간절히 기원합니다.

참고 문헌

박영득 (2015) '복음' [도서출판 큰빛]

이어령 (2013) '지성에서 영성으로' [도서출판 열림원]

조현삼 (2012) '신앙생활 설명서' [생명의말씀사]

김재욱 (2012) '1318 신앙질문 A to Z [생명의말씀사]

이만재 (1997) '교회 가기 싫은 77가지 이유' [규장문화사]

김동훈 (2001) '나는 이런 교회에 다니고 싶다' [도서출판 진흥]

김경일 (1999) '공자가 죽어야 나라가 산다' [바다출판사]